공부책

How to study

How to Study

공부책

하버드 학생들도 몰랐던
천재 교수의
단순한 공부 원리

조지 스웨인 지음 . 윤태준 옮김

유유

공부는 이해와 생각 위주로 해야 학습 효율이 가장 높다. 그런데 어떻게 해야 이런 공부를 할 수 있는지 아는 사람은 그리 많지 않다. 이 책은 바로 이 방법을 자세하게 구체적으로 소개한다. 올바른 방법으로 이해와 생각 위주로 학습하면 부가적인 효과가 따라오는데, 그것은 공부하는 행위에 몰입 효과가 나타나 공부하는 즐거움을 경험한다는 것이다. 학습 효율을 높이고 공부에 몰입하고자 하는 학생뿐 아니라 교육자도 일독할 가치가 있는 책이다.

• 『몰입』, 『공부하는 힘』의 저자, 서울대학교 교수 황농문

이해와 생각 중심의 공부

이 책은 저자가 하버드대학교와 매사추세츠공과대학교 MIT 학생들을 오랫동안 가르치면서, 미국에서 가장 뛰어나다는 학생들조차 제대로 공부하는 법을 모른다는 사실에 끊임없이 놀라야 했던 경험을 바탕으로 쓴 공부 안내서이다. 이는 저자가 가르쳤던 학생들이 알맞은 공부법과 습관을 익히지 못했고, 함께 일했던 선생들도 이 중요한 주제에 별로 또는 전혀 주의를 기울이지 않았다는 뜻이다.

선생 한 사람 한 사람이 자기 수업 시간에 학생들에게 알맞은 공부 습관과 방법을 길러 주고 모범을 보여야 한다는 점에는 이론의 여지가 없다. 선생 개개인은 이런 부분에서 아주 많은 일을 할 수 있다. 저자도 자신이 지난 35년 동안 학생들에게 가르친 것 중에서 가장 중요한 것으로 공부하는 법과 논리적으로 사고하는 법을 꼽는다. 그는 수업 시간에 공부의 원리를 끊임없이 반복하여 가르치고, 학생들이 어떤 일에 실패했을 때 그 실패가 어떤 부적절한 공부법 또는 추론 과정에서 발생했는지 지적했다.

저자는 거기에 만족하지 않고, 자신이 교실에서 항상 가르쳐 온 공부의 근본 원리를 모든 학년의 모든 학생이 쓸 수 있도록 더 단순하고 간단한 공부법으로 정리하고자 했다. 이 책은 그러한 목적으로 쓰였다. 저자는 학생의 결점을 찾고 개선을 촉구하는 예전 교수법에 대한 대안을 제시함으로써, 이 책이 학생 못지않게 선생에게도 유용하게 쓰이기를 바란다.

거의 모든 학생이 제대로 공부하고 싶어 하지만 어떻게 해야 할지, 무엇을 해야 할지 그 방법을 모른다. 학생은 질문을 받으면 책에 쓰인 표현을 이용해 정확하게 대답한다. 그러나 여기서 선생이 더 깊은 질문을 던지면 선생은 학생이 스스로 무슨 말을 하고 있는지 전혀 이해하지 못하고 있음을 알게 될 것이다. 선생은 학생이 올바른 대답을 내놓더라도 그가 정말로 이해하고 있는지 꼼꼼히 확인해야 하며, 가능하다면 그런 문제의 원인을 찾아 지적해 주어야 한다.

저자는 학생들이 이 책을 주의 깊게 읽고 이 책에 제시된 규칙을 따르려고 노력하면 많은 것을 얻을 수 있다고 믿는다. 이 책을 읽은 학생들이 시간을 절약하면서 이해와 생각 중심의 공부를 할 수 있게 된다면 저자의 목표는 달성되었다고 할 수 있다.

공부는 이렇게 한다

"교육과 훈련의 궁극적인 목표는 다양한 종류의 능력이
제대로 발전하도록 돕는 것이다."

• 리처드 멀캐스터

교육이란 단지 기회일 뿐 그 이상은 아니다. 교육이 성공이나 행복, 만족 또는 부를 보장해 주지는 않는다. 교육은 도덕성이나 실용성의 문제가 아니다. 많이 배운 악당이 무식한 악당보다 위험하다. 교육이 세상에 더 큰 해를 끼칠 수도 있다는 말이다. 그러나 타인의 권리를 존중하고, 단순하고 실용적이면서도 고결한 이상을 지닌 훌륭한 인격자가 교육을 받는다면 세상에 큰 공헌을 할 수 있으며, 진정한 의미에서 성공적인 삶을 누릴 수 있다. 학생이 교육을 기피하는 것은 대개 지식을 무작정 주입하기 때문이다. 학생은 지식으로 가득 채워야 하는 빈 통이 아니다. 교육을 통해 제대로 작동하도록 도와야 하는 복잡하고 정교한 '기계'이다.

교육의 목적은 순수하게 실용주의적인 것으로서, '힘'이라는 말로 가장 분명하게 표현할 수 있다. **삶에서 부딪히는 문제를 해결해 나가게 하고, 잠재 능력을 최대한으로 발휘하도록 하는 것이 교육의 목적이다.**

여기에서 '실용주의'라는 표현은 가장 넓은 의미로 이해해야 한다. 교육의 목표는 유용성에 있지만, 일차적인 유용성만은 아니다. 정당하게 인생의 즐거움을 누리는 능력을 길러 주거나, 만족스럽고 행복한 삶을 누리도록 돕거나, 세상을 보는 시야를 넓혀 주는 것이라면 무엇이든지 학생에게 힘을 주는 유용한 것이다.

진정한 배움의 순서는 삶에 필수적인 것이 첫 번째, 유용한 것이 두 번째, 삶을 아름답게 꾸미는 것이 마지막이어야 한다.

이 순서를 뒤집는다는 것은 건물을 위부터 거꾸로 짓는 것과 다름없다.

힘과 능력을 기르려면 학생 스스로 노력하는 수밖에 없다. 오직 스스로 공부하는 것만이 진정한 교육이다. 학생이 스스로 무엇을 할 수 있는지 알려 주고 그것을 해내는 방법을 가르쳐 주는 것이 선생이 학생에게 할 수 있는 최선이다.

열심히 노력하지 않으면 많이 얻지 못한다. 성패는 얼마나 많은 고통을 감내했느냐에 달렸다.

그러나 아무리 노력해도 현명하게 방향을 잡지 않으면 성과를 거둘 수 없다. 정직하고 좋은 의도라고 해도, 방향이 잘못되었다면 아무리 노력해도 아무것도 이루지 못할 것이다. 인내를 비롯한 모든 덕목이 그러하듯이, 노력의 방향이 잘못되었거나 오용되거나 균형을 잃으면 그것은 악덕이 되고 만다. 무엇이든 극단으로 치달으면 오히려 정반대의 것이 되고 만다는 헤겔의 금언에는 깊은 의미가 담겨 있다.

중고등학교나 대학에서 진지하게 열심히 공부하고도 큰 성과를 거두지 못하거나 아무것도 얻지 못할 수도 있다. 그러므로 학생에게 단지 열심히 노력해야 할 필요성과 공부하는 내용을 가르치는 것만으로는 부족하다. '효율적으로' 공부하는 법도 가르쳐야 한다.

다시 말해서, 학생이 배워야 할 것 중 가장 중요한 것이 바로 '공부하는 방법'이라는 이야기다. 공부하는 방법을 모르면 아무리 열심히 노력해도 헛수고로 돌아갈 공산이 크다. 자격시험은 통과할지 몰라도, 정말로 이해한 것은 하나도 없고 아무런 능력도 기르지 못한 사람이 되고 만다.

한 가지 전문 분야만 따져 봐도, 한 학생이 대학에서 쌓을 수 있는 지식의 양은 인류 전체의 지식과 비교하면 하찮기 이를 데 없다. 더구나 자기가 어떤 일을 하면서 살아갈지 미리 내다보기란 거의 불가능하다는 점에서, 공부하는 방법을 배우는 것은 무엇보다 중요하다. 그러므로 새로운 주제나 문제에 부딪혔을 때 스스로 공부하고 통달하는 방법을 배우지 않는 한, 다시 말해 공부하는 방법, 즉 정신 능력을 적절하게 활용하고 당면한 과제를 효과적으로 다루는 법을 배우지 않는 한, 교육을 통해 얻을 수 있는 것은 별로 없으며 그런 교육은 미래의 직업에도 그다지 도움이 되지 않을 것이다.

공부하는 방법이 이토록 중요함에도 불구하고 그 방법을 아는 학생도, 그것을 가르치려고 애쓰는 선생도 거의 없다는 사실은 정말로 기이한 일이다. 사람들은 흔히 아이들의 두개골 속에 뇌가 있으므로 당연히 공부하는 법도 알 거라고 가정해 버린다. 오늘날의 대학생 대다수가 공부하는 법을 제대로 배우지 못한 채 졸업한다. 그들은 새로운 것을 공부할 때마다 아주 힘겨워한다. 그들이 배운 공부법이라고는 어떤 기계적 절차에 따라 틀에 박힌 절차를 수행하는 방법밖에 없다. 특정한 절차를 기계적으로 외웠을 뿐인 것이다.

나는 공부하는 방법의 중요성을 강조하고 올바른 공부 규칙에 주의를 기울이게 할 목적으로 이 책을 썼다.

가장 넓은 의미에서 볼 때, 우리가 생각해야 할 것은 '문제를 파악하는 방법'이다. 문제를 파악하는 첫 번째 단계는 책과 실험 자료, 경험의 결과를 비롯하여 문제와 관련된 모든 정보를 가능한 대로 모아서 자세히 검토하고 완전히 이해하는 것이다. 그러려면 개인적인 조사 및 연구와 추가 실험, 활발한 의사소통, 여행 등 다양한 경험이 반드시 필요하다. 그러나 그런 활동들도 책을 통한 공부가 바탕이 되어야한다. 이 책에서는 특히 그 부분, 책을 통한 공부를 다룰 것이다.

지금부터 올바른 공부법의 필수 요소에 대해 이야기해보자.

목차

V 올바른 공부 습관과 방법

I.

올바른 마음가짐

무엇보다도 먼저 '마음가짐이 올발라야' 한다.

굴종이나 맹목적 믿음은 올바른 정신 자세라 할 수 없다. 정신적으로 용기 있고 결단력 있는 자세를 지녀야 한다. 독서의 목적은 단순히 글자를 읽는 것이 아니라 읽은 내용을 이해하는 것이다. 학생에게 알맞은 책이라면, 다시 말해 학생이 그 책을 읽을 준비가 되어 있고 그 내용을 이해할 수 있는 지적 능력을 갖추고 있다면 그 책에 완전히 통달할 수 있다. 학생이 책을 지배해야지, 책이 학생을 지배하도록 내버려 두어서는 안 된다. 책에서 다루는 문제에 대한 저자의 견해를 이해해야 하지만, 그 견해를 맹목적으로 받아들여서는 절대로 안 된다. 그것이 옳다는 판단이 섰을 때만 그 견해를 신뢰해야 한다.

학생들은 대개 인쇄된 활자를 읽으라고 주면 그 내용을 무조건 신뢰해 버린다. 그래서는 설사 읽은 내용을 모두 기억한다고 하더라도 단순한 암기에 지나지 않는다. 그렇게 공부하면 과학적으로 사고하지 못하고 경험에만 기대어 그저 흉내밖에 낼 줄 모르는 꽉 막힌 사람, 틀에 박힌 사람이 될 뿐이다. 단지 책에 쓰였다는 이유만으로 그 내용이 곧 진실이 되는 것은 아니라는 사실을 알아야 한다. 독자 자신의 이해라는 시험에 통과했을 때만 그 내용을 자기 것으로 받아들여야 한다.

그러므로 참과 거짓을 스스로 판단하고자 하는 용기는 올바른 공부법의 필수 요소이다. 그러한 용기가 없는 학생은 앵무새나 다름없는 존재가 되고 만다. 자신이 어떤 주제든 통달할 수 있는 능력과 확고한 의지를 지녔다는 확신 그리고 자신감을 갖춰야 한다.

이해할 수 없을 정도로 어려운 책이나 전제되는 내용을 모르면 이해할 수 없는 책은 읽으면 안 된다. 적절한 준비와 충분한 지적 능력은 독서에 필수적이며, 나는 지금 학생이 그것들을 갖추고 있다는 가정 아래 이야기를 하고 있다. 요컨대 학생은 자신의 지적 능력을 알고 그것을 언제 어떻게 사용할지 스스로 결정해야 한다는 사실을 한순간도 잊어서는 안 된다.

대부분의 학생이 한 과목에 투자할 시간은 상당히 제한되어 있다. 그래서 이 책에서 추천하는 공부법을 온전히 따를 수 없는 경우도 많을 것이다. 학생들로서는 책을 읽고 근거를 따져 볼 시간도 없이 내용을 무조건 받아들일 수밖에 없을지도 모른다. 그러나 주제를 완전히 이해하고 통달하려면, 어떤 경우라도 자기가 읽은 내용이 단순한 사실인지 정의인지, 근거가 있는지 없는지 인식하도록 노력해야 한다. 그리고 그 근거를 당장 이해할 수 없다면 내용을 잠정적으로만 받아들였다가, 반드시 나중에 확인하고 더 깊이 공부해야 할 내용으로 체크해 두어야 한다.

읽기와 이해는 다르다

"끊임없이 책을 읽는데도 안정된 판단력과 정신을
갖추지 못하는 사람은 책에는 조예가 깊을지 몰라도
자신에 대해서는 잘 알지 못하는 사람이다."

먼저 '읽기'와 '이해'를 분명하게 구별할 줄 알아야 한다.

아무리 폭넓게 읽는다고 해도, 아무리 기억력이 뛰어나다고 해도, 단지 읽기만 해서는 지혜가 생기지도 않고 지적 능력이 발달하지도 않는다.

누구나 때로는 이해하지도, 사색하지도, 자기가 이해할 수 있는 방식으로 재해석하지도 않고 단어와 구문을 그저 멍하니 기계적으로 읽기만 할 때가 있다. 그런 식으로 읽는 것은 아예 읽지 않는 것만 못하다. 자칫하다가는 정신에 손상을 입을 수도 있다.

　자신이 그런 식으로 읽고 있다는 걸 깨달으면 바로 정신 차리고 분발해서 주제에 집중해 내용을 이해하려고 노력해야 한다. 어떤 이유에서든 집중해서 읽을 수 없을 때는 책장을 덮고 잠시 운동을 하거나 휴식을 취하는 등 무엇이든 다른 일을 해야 한다. 그 순간은 공부하기에 적합하지 않은 때이기 때문이다. 그럴 때 억지로 하는 공부는 톱밥을 집어 먹으면서 무언가 몸에 좋은 음식을 먹고 있다고 자신을 속이는 것이나 다를 바 없다.

　단순한 읽기나 암기는 아무런 쓸모가 없다. 오직 이해만이 힘을 키워 줄 수 있다.

2

사실과 견해, 논리적 결론은 다르다

"지식을 탐구할 때 반드시 피해야 할 두 가지 잘못이 있다.
하나는 모르는 것을 안다고 믿고, 그것을 너무 성급하게
받아들이는 것이다. (모든 사람이 마땅히 그래야 하듯)
이런 잘못에서 벗어나려면, 생각해야 할 주제에 대해
시간을 들여 숙고해야 한다. 또 다른 잘못은 이해하기
어렵고 모호하면서 별 쓸모도 없는 주제에 지나치게 열정을
불태우며 노력을 기울이는 것이다." • 키케로

단순한 사실과 저자가 이끌어 낸 결론이나 견해는 분명히
구별해야 한다.

면밀한 조사의 결과로 제시된 단순한 사실은 그것을 조사
하고 제시한 사람의 권위를 인정할 수 있다면 굳이 검증하

지 않고도 받아들일 수 있다.

 S1: 나일 강은 적도 아프리카에서 시작해 북쪽으로 흘러 이집트
     를 거쳐 지중해로 유입된다.
 S2: 산소의 원자량은 16이다.
 S3: 물 1세제곱피트의 무게는 62.4파운드이다.

 S1은 학생이 검증할 수단도 없고, 그것이 옳다는 사실을
논리적으로 추론할 도리도 없는 진술이다. 이 진술은 단순
한 사실이고 명칭이며, 그저 받아들이면 그만인 내용이다.
지도를 펼쳐 본다고 해도 사실을 확실히 기억하기 위해서지
그 진술을 검증하기 위해서가 아니다.
 S2와 S3도 학생이 참인지 거짓인지 검증하기를 기대할
수 없는 진술이다. 이런 진술들까지 검증한다는 것은 인류
가 지금까지 연구하고 이루어 낸 모든 발견을 일일이 다 조
사하고 검증한다는 이야기이고, 남의 노력으로부터 아무것
도 얻지 못한다는 뜻이다.
 그러나 저자가 이러한 사실들로부터 도출한 견해와 결론
은 완전히 다른 문제이다. 그리고 논리적 결론은 단순한 견

해와 다르다.

어떤 결론을 논리적으로 증명하는 데는 사실만으로도 충분하다. 다른 한편, 사실은 어떤 견해를 입증하기에는 부족하더라도 거기에 합리적인 근거를 제공하거나 제공하는 것처럼 보이기도 한다.

따라서 학생은 단순한 사실 진술과 그것으로부터 필연적으로 도출되는 논리적 결론, 그것들을 근거로 제시되는 단순한 견해를 구별하도록 끊임없이 노력해야 한다.

때로는 실험이나 관찰을 통해 사전에 축적된 사실 없이, 수학이나 논리학에서처럼 순수하게 논리적 추론만으로 도출되는 결론도 있다. 그런 결론 또는 논리적 진리는 사실과 실험 또는 관찰에 바탕을 둔 결론과 구별해야 한다.

S4: 삼각형 내각의 합은 180도이다.

학생은 S4와 같은 진술이 단순한 사실이 아니라 필연적 진리임을 알 수 있어야 한다. S4는 사실로 제시되었다는 이유만으로 단순히 받아들여야 할 진술이 아니라, 그 이유를 이해해야 할 진술이다.

정신적으로 용기 있고 독립적인 태도로 사실과 견해, 논리적 결론을 구별하는 연습을 계속하는 것은 올바른 공부의 필수 요소이다.

3

끊임없이 질문하라

"많이 질문하는 사람이 많이 배운다."

• 프랜시스 베이컨

학생은 머릿속에 끊임없이 물음표를 그려야 한다.

자기가 읽은 명제에 근거가 있는지, 있다면 무엇인지, 그 근거가 만물에 내재하는 근본 원리인지, 그래서 순수하게 논리적으로 도달할 수 있는 결론인지, 아니면 글쓴이가 관찰한 어떤 사실에 따른 결론인지 항상 스스로 질문을 던져야 한다.

예를 들어 보자.

"물 1세제곱피트의 무게는 62.4파운드"라는 진술에는 일견 아무 이유도 없는 것 같다. '원래부터 그냥 그런 것'이고,

'그렇기 때문에 그런 것'처럼 보인다.

그러나 만일 지표면 어느 지점에서는 물 1세제곱피트의 무게가 다른 지점에서보다 더 가볍다거나 북반구에서는 폭풍이 중심에서 시계 반대 방향으로 분다는 내용을 읽는다면, (그것들이 정말 사실이라면) 거기에는 이유가 있음을 인식하고 그 이유를 알고자 노력해야 한다.

엄밀하게 말하면 모든 진실에는 반드시 이유가 있다.

단순한 '정의'를 제외한 모든 것에, 우리가 '단순한 사실'이라고 명명한 것에조차 이유가 있다. 원자의 구성과 배열에도 이유가 있고, 특정 지점과 특정 온도에서 물 1세제곱피트가 62.4파운드인 데에도 이유가 있다.

그러나 뉴욕이 필라델피아에서 90마일 떨어져 있는 데는 이유가 없다. 두 지점의 이름과 그들 사이의 거리 90마일은 단지 그렇게 이름 붙여졌거나 그렇게 정의되었을 뿐이다.

설명이 주어지지 않고 단순한 사실로 받아들여지던 사실도 충분한 시간이 지나면서 과학이 진보하면 설명이 덧붙게 된다. 예를 들어 자성을 띤 바늘이 북쪽을 향한다는 사실은 오랫동안 이유가 설명되지 않은 단순한 사실이었다가 훗날 이유가 밝혀졌다. 마찬가지로, 식수원이 하수로 오염되면

장티푸스가 발생한다는 것도 오랫동안 이유가 설명되지 않은 단순한 사실이었다.

학생은 책을 읽으면서 끊임없이 여러 개념을 구분하고 질문하고 요점을 정리하며, 아직은 이유를 알 수 없다고 해도 어떤 사실이든 해명 가능한 이유가 반드시 존재한다는 사실에 주의를 기울여야 한다. 그러나 그 점을 너무 깊이 파고들어서는 안 된다. 던질 수 있는 모든 질문을 던지면서 근원을 파고들면 발전은 매우 더딜 수밖에 없기 때문이다. 그렇더라도 어느 정도는 항상 생각하고 있어야 한다.

S5: 태양은 지구로부터 9,200만 마일 떨어져 있다.

S6: 목성에는 63개의 위성이 있다.

S7: 시리우스는 초속 11마일의 속도로 지구로부터 멀어지고 있다.

S8: 지구에서는 항상 달의 같은 면만 보인다.

기술 천문학Descriptive Astronomy을 공부하는 학생이라면 이와 같은 종류의 진술을 읽었을 때 현재 단계에서는 이 사실들을 끝까지 파고들 수 없다는 사실을 인식해야 한다. 그렇더라도 훗날 그 원인까지는 아니더라도 최소한 그 사실을 확인하는 방법을 알 수 있도록 질문 목록을 만들어 두는 편이 좋다.

　어떤 사실의 이유를 찾을 때까지 그 주제에만 매달려야 한다는 말이 아니다. 그 이유가 그 시점에는 아직 배우지 않은 사실 또는 원리일 수도 있다. 그런 경우라면 읽은 사실을 잠정적으로 받아들이고, 납득할 만한 이유가 반드시 있으며, 언젠가 그것을 찾아보겠다는 점을 마음에 새겨 두면 된다. 책 한 권을 읽을 때마다 선생에게 질문하거나 나중에 직접 찾아볼 질문 목록을 만든다.

　학생은 반드시 체계적으로 발전해 나가야 한다.

　물리학을 공부해 본 적이 없는 학생이 물리 법칙으로 설명되는 이유를 이해하기를 기대할 수는 없다. 그러나 물리학 지식이 없어도 어떤 물리학적 사실이 단순한 사실이 아니라 설명 가능한 이유가 존재하는 사실이라는 점은 이해할수 있다.

　원시인에게 자연은 까닭을 알 수 없는 미지의 존재였다. 가장 단순한 현상조차 이해의 범주 너머에 있었다. 그래서 원시인은 모든 자연현상을 신들이 어떤 행동을 한 결과라고 상상했다. 하지만 과학이 발전함에 따라 한때는 단지 주어진 사실로 바라볼 수밖에 없었던 수많은 신비로운 자연현상이 설명되기 시작했다.

총명한 학생이라면 여러 가지 서로 다른 종류의 진술을 구분할 수 있다. 이런 학생은 새로운 진술을 접할 때마다 이미 습득한 기존의 지식 체계와 관련지어 이유를 찾거나 설명하려고 끊임없이 노력한다.

그러나 평범한 학생은 애석하게도 사실이든 결론이든 저자의 견해든 간에, 읽은 것을 문자 그대로 받아들이고 암기하면서 자기가 무언가를 배우고 있다고 믿어 버린다. 그런 학생은 아무것도 검토하지 않고, 읽은 내용을 깊이 생각하지도 않는다. 심지어 저자가 명백하게 자신의 견해를 드러낸 진술을 사실로 받아들이는 경우마저 드물지 않다. 그래서 신중한 학생이 단번에 알아차리는 뚜렷한 실수나 오탈자조차도 평범한 학생은 있는 그대로 받아들이고 믿곤 한다.

이것이 바로 사람들 대부분을 적어도 짧은 시간 동안에는 간단하게 속일 수 있는 이유이다. 대중은 자기 자신에 대해 사고하지 않는다. 그들로 하여금 당신이 하는 말을 믿게 하고 싶으면 그저 당신이 권위 있는 사람이라고 생각하게 만들면 된다.

사실을 확인하는 법, 조사하라

학생은 당장 이유를 조사할 수 없는 사실을 다루게 되었을 때 어떻게 하면 그것을 확인할 수 있는지를 알아봐야 한다. 그러려면 관찰과 실험 방법 또는 그 주제의 기술적인 부분에 주의를 기울여야 한다.

예를 들어 뉴욕에서 필라델피아 사이의 거리가 90마일이라는 사실은 어떻게 확인할 수 있을까? 태양이 지구로부터 9,200만 마일 떨어져 있다는 사실은 어떻게 검증할 수 있을까?

어떤 사실의 원인이나 이유를 말하기는 불가능할 수도 있지만, 그 사실이 사실임을 확인하는 것은 언제나 가능하다.

이는 물리학뿐 아니라 경제학, 역사학 또는 사회학의 질문에도 똑같이 적용된다.

게티즈버그 전투에서 북부군 병사 3,072명이 전사했다는 내용을 읽고 그 이유를 묻는 사람은 없을 것이다. 그런 질문은 명백히 무의미하다. 여기서는 그 사실을 어떻게 확인했는지, 벌판에 뒹구는 시체 수를 셌는지, 점호 조사를 했는지 물을 수 있다.

　남북 전쟁 기간에 화폐를 엄청나게 발행한 결과로 국가의 금 보유량이 줄어들었다는 내용을 읽었을 때도 그것이 사실임을 어떻게 확인할 수 있었는지 물을 수 있으며, 나아가 그 사실에 반드시 이유가 있음을 인식하고 왜 그렇게 되었는지도 이후에 확인할 수 있다.

5

증거를 통해
저자의 신뢰성을 검토하라

공부하고 있는 책의 저자가 이끌어 낸 결론과 견해는 물론, 그가 진술한 사실을 받아들여도 되는지 올바르게 판단하려면 저자의 신뢰성을 증명하는 증거를 놓치지 않고 계속 찾는 습관을 들여야 한다.

부주의한 저자도 많고, 전혀 신뢰할 수 없는 저자도 있으며, 의도적으로 사실을 왜곡하는 저자도 있다. 완전히 엉뚱한 사실을 바탕으로 견해를 내놓을 뿐 아니라, 통계 수치와 같은 단순한 사실조차 엄청나게, 때로는 일부러 왜곡하는 일도 적지 않다.

올바른 사실로부터 비논리적인 추론을 통해 잘못된 결론이나 견해가 도출되었을 때, 스스로 추론할 줄 아는 학생이라면 그것이 잘못되었음을 쉽게 발견할 수 있다. 그러나 사실이 왜곡되었을 때는 학생이 그 자료의 출처나 관찰 내용 자체를 추적할 시간과 기회를 얻지 못하는 한, 그 점을 알아차릴 수가 없다.

경제학, 역사학, 사회학 책의 통계적 진술이나 수치는 의도적으로든 아니든 특히 왜곡되기 쉽다. 통계에 의존하는 책의 경우, 특정 통계 수치를 선택하고 나머지는 배제해 버리면 통계에 의존하는 것은 사실상 무엇이든지 증명할 수 있다.

따라서 신뢰성, 정확성의 신호를 찾는 능력과 신뢰할 수 없는 저자를 구별하는 능력은 대단히 중요하다. 그리고 어떤 결론이 도출되었을 때 그 결론이 상식에 비추어 신뢰할 만한지 묻는 습관을 들이는 것도 매우 중요하다. 상식의 빛에 비추어 관찰이나 추론을 거슬러 찾아보면, 때로 실수의 흔적이 발견되기도 한다.

세심하게 들여다보면 저자가 드러낸 증거의 신뢰할 수 없는 점을 (그런 증거가 있다면) 반드시 찾을 수 있다. 저자의 기질, 나이, 환경, 교육 정도, 종교를 비롯한 다양한 요인이 원인이 된다.

증명할 수 없는 견해임이 분명한 내용을 독선적으로 쓰거나 거친 표현을 쓰는 저자, 자신과 다른 결론에 도달한 사람을 용납하지 않는 편협한 저자는 기질만 보아도 신뢰할 수 없는 사람들이다.

단 한 번이라도 의도적으로 사실을 왜곡한 적이 있는 저자는 그 즉시, 영원히 거부당하는 것이 당연하다. 의도하지 않게 실수로 사실을 왜곡했다면 한 번쯤은 용서할 수도 있을 것이다.

그러나 수학적으로 설명할 수 없는 문제, 그리고 어느 정도는 견해와 관련되는 문제에서 어떤 선입관을 증명하려고 하는 저자의 행동은 신뢰할 만한 자질이 없음을 스스로 고백하는 꼴이다.

학생은 이와 같은 테스트를 통해 자신이 공부하는 책의 저자나 실험자의 신뢰성과 신용도에 대한 자신의 견해를 계속 만들어 나가야 한다. 그렇게 함으로써 어떤 책을 읽어야 할지 스스로 찾아갈 수 있다. 프랜시스 베이컨이 말했듯이 "책 중에는 가볍게 맛만 보며 읽어도 되는 것, 줄거리만 가려서 읽어도 충분한 것이 있는가 하면 아주 드물지만 꼭꼭 씹어서 완전히 자기 것으로 소화해야 하는 책도 있다." 그리고 완전히 이해하여 자기 것으로 소화하지 않고 문자 그대로 삼켜야 할 책도 가려낼 수 있다.

저자의 신뢰성을 끊임없이 살피라는 규칙을 철저하게 지
킨다면, 어느 순간 안목 있는 학생이라는 평가를 받게 될 것
이다.

신중한 태도를 지녀라

"사물이 붙여진 이름 그대로의 존재라고 단정하는 사람은 항상 있게 마련이다. 이름을 다루는 쪽이 사실 검증보다 훨씬 쉽기 때문이다." • 제임스 브라이스

공부를 위한 올바른 마음가짐의 또 한 가지 핵심적 요소는 신중한 태도이다.

상대와 자신 모두가 언제든지 실수를 범할 가능성이 있음을 항상 잊지 말아야 한다. 의식적인 것이든 무의식적인 것이든, 모든 종류의 기만을 경계해야 한다.

프랜시스 베이컨은 이렇게 말했다.

"반박하거나 틀렸음을 입증하기 위해 읽지 말고, 믿거나 당연시하기 위해 읽지 말고, 화제나 토론거리를 찾으려고 읽

지 말고, 오직 사색하고 따져 보기 위해서만 책을 읽어라."

지금 읽고 있는 이 책의 저자인 나도 실수를 범했을 수 있고, 당신을 잘못된 길로 이끌지도 모른다.

"올바른 길을 찾기란 너무나도 어려운 일이다. 올바른 길을 가기를 무엇보다도 간절히 원할 때조차 우리가 올바른 길로 이끌고자 하는 사람들을 잘못된 길로 이끄는 일이 얼마나 많은지 모른다."

그러므로 언제나 지금 읽고 있는 책의 저자를 의심하고, 한 문장 한 문장을 스스로 검토하고 평가하라.

"현자는 무지한 자를 안다. 그 자신이 한때 무지했기
때문이다. 그러나 무지한 자는 결코 현자를 알지 못한다.
단 한 번도 현명했던 적이 없기 때문이다."

• 페르시아 속담

7

열린 마음을 가져라

선입견을 버리고 열린 마음으로, 즉 과학적인 태도로 공부하라.

과학적인 태도란 이런 것이다.

1. 문제를 분명하게 재구성하고
2. 관련 있는 사실을 수집한 다음
3. 수집한 사실로부터 논리적 결론을 이끌어 내는 것

사실로부터 논리적으로 도출된 결론이라면, 그것이 받아들이기 쉽지 않은 불쾌한 것이라 할지라도 기꺼이 인정할 준비가 되어 있어야 한다.

오직 진리만이 공부의 유일한 목적이며, 또 유일한 목적이어야 한다.

"식탁에서 잡담을 나누다 보면 사람들 가운데
열에 아홉이 뭔가 배울 게 있는 책이 아닌 그저 재미있는
책을 읽는다는 사실을 알게 된다. 그리고 불편한 진실을
이야기하거나 근거 없는 희망을 떨쳐 버리게 하는 내용은
맨 마지막으로 미룬다는 것도 알게 된다. 대중 교육의
결과로, 심각한 현실을 다루는 책보다 즐거운 환상을
불러일으키는 출판물이 널리 읽히게 되었다는 점에는
의심의 여지가 없다." • 허버트 스펜서

8

지적으로 겸손하면서도
자립적인 태도를 지녀라

무언가 지적을 받으면 감사하게 여기도록 스스로를 단련함으로써, 지적으로 겸손하면서도 자립적인 태도를 갖추도록 노력한다.

옛 현인들이 들려주는 다음의 문장들을 마음에 새겨라.

> "누군가 자기 잘못을 바로잡아 주는 것을
> 반기는 사람은 지식을 사랑하는 사람이고, 교정을
> 싫어하는 사람은 야만적인 사람이다." • 속담

> "교정을 거부하는 사람에게는 가난과 수치가,
> 교정을 반기는 사람에게는 영광이 주어질 것이다." • 속담

"잘못을 아는 것이 지혜의 시작이다." • 에피쿠로스

"책망을 받을 때마다 저항하는 사람은 어느 날 갑자기
부서져 회복하지 못하게 된다." • 속담

"어리석은 자를 나무라면 미움을 받지만,
현자를 나무라면 사랑을 받는다." • 속담

"스스로 현명하다고 생각하지 마라." • 속담

"교육에 대한 열망이야말로 지혜의 진정한 시작이다."

• 『지혜서』

"비난과 비판은 아무도 해치지 못한다. 비난과 비판이
잘못되었다면, 남자다움이 부족하지 않은 한 그들에게
상처받을 일은 없다. 비난과 비판이 올바르다면,
그것은 자신의 약점을 드러내 보여 주어 실패와 곤경을
미리 경고해 줄 뿐이다." • 윌리엄 글래드스턴

"아는 게 너무 적은 것보다 나쁜 것이 있다면, 지나치게 많이 아는 것이다. 교육은 편협한 정신을 넓혀 주지만, 자만에는 치료약이 없다. 부풀어 올라 터져 버리는 것만이 유일하게 기대할 수 있는 결과지만, 그 후에는 물론 아무것도 남지 않는다. 훌륭한 사람이 가난 때문에 망가지는 일은 절대로 없어도, 번영 때문에 망가지는 일은 흔하다. 힘든 시기를 견뎌 내기는 어렵지 않다. 견뎌 내는 것만이 할 수 있는 유일한 일이기 때문이다. 그러나 좋은 시절에는 바보 살인자*가 제 할 일을 해야 한다."

• 조지 호레이스 로리머

지적으로 겸손한 태도는 정신적으로 용기 있고 독립적인 태도와 상당 부분 일치한다.

책을 읽고 공부하다 보면 종종 지적으로 오만해지기 쉽다. 지적인 오만은 정신의 진정한 발전을 가장 확실하게 가로막는 장애물이다.

자기 지식의 한계를 알아야 한다. 자기가 무엇을 알고 무엇을 모르는지 분명히 알지 못하면, 자기가 아는 것을 지나치게 과대평가하게 된다. 그러나 근본적인 것만은 확실히

---

* 바보를 도끼로 죽이고 다니는 전설 속의 거인

알도록 하자. 소크라테스는 자신의 무지를 아는 것이 진정한 지식으로 나아가는 첫걸음이라고 말했다. 페르시아 속담에도 비슷한 이야기가 전해진다.

> 무지하고, 자기가 무지하다는 사실조차 모르는
> 사람은 바보다. 그를 피해라.
> 무지하고, 자기가 무지하다는 사실을 아는
> 사람은 어린아이다. 그를 가르쳐라.
> 무언가를 알고, 자기가 무언가를 안다는 사실을 모르는
> 사람은 잠들어 있다. 그를 깨워라.
> 무언가를 알고, 자기가 안다는 사실도 아는
> 사람은 현자이다. 그를 따라라.

이 네 부류 중 자신은 어디에 속하는지 생각해 보라.

9

공부의 목적을 기억하라

공부의 목적은 '지혜'를 얻는 것이지 '지식'을 얻는 것이 아님을 기억해야 한다.

물론 지식도 중요하므로 반드시 배우고 익혀야 한다. 그러나 참과 거짓을 구별할 줄 아는 판단력을 기르고 지혜를 얻는 것이 지식을 쌓는 것보다 훨씬 중요하다.

"지식과 지혜는 하나이기는커녕 서로 전혀 상관이 없을 때도 많다. 지식은 다른 사람들의 사고로 가득한 사람의 머릿속에 있다. 지혜는 자기 자신의 사고에 귀 기울이는 정신 속에 있다. 지식은 자기가 아는 게 많다는 데 자부심을 느낀다. 지혜는 자신이 더 많이 알지 못한다는 점을 부끄러워한다."

이 구절이 학생이 갖추어야 할 정신 자세의 모든 것을 말해 준다.

이 정신 자세를 한마디로 요약하면 다음과 같은 문장이 될 것이다.

"학생은 정신적으로 용기 있고 독립적이고 분별력이 있어야 하며, 겸손하고 신중한 태도를 적당한 비율로 갖추어야 한다."

Ⅱ.

읽은 것을 이해하기

올바른 공부 원리의 두 번째 요소는 이것이다. '읽은 것을 이해하라.' 이것은 첫 번째 요소인 올바른 태도에 대해 이야기하며 이미 언급한 바 있다.

읽은 것을 이해하라는 원칙은 하나 마나 한 이야기로 들릴지도 모른다. 그러나 우리는 이 규칙을 놀라울 정도로 쉽게 간과한다.

우리가 이 원칙을 간과하는 이유와 원리는 어렵지 않게 이해할 수 있다.

아이는 자라면서 자신의 추론 능력과 지각을 통해 지식을 습득한다. 아이는 단어의 의미를 어떻게 배우는 걸까? '아빠'나 '고양이' 같은 명사는 대상을 가리키며 단어를 말하는 것으로 쉽게 의미를 전달할 수 있다. 그러나 추상명사나 동사 등 손짓 발짓으로 설명할 수 없는 단어의 의미는 어떻게 가르치고 배울까?

모든 아이는 필연적으로 자기가 의미를 이해하지 못하는 단어를 수도 없이 사용할 수밖에 없다. 어린아이들은 학교에서 시를 암송할 때도 자기가 말하는 단어의 의미를 모르고 사용하는 경우가 잦다. 이런 식으로 사람들은 어려서부터 정확한 의미를 조심스럽게 따져 보지 않고 단어와 문구를 말하는 습관을 들인다.

이런 좋지 않은 습관에는 아주 어릴 때부터 단호하게 대처해야 한다. 아이는 자신이 쓰는 단어의 의미를 계속 물어야 한다. 어른은 아이에게 단어의 의미를 물으며 올바른 정신 자세를 가지도록 독려해야 한다. 아주 어렸을 때부터 사전을 이용하도록 엄격하게 이끌고, 단어나 문구를 우둔하게 사용하는 습관을 들이지 않도록 교육 목표를 세워야 한다. 의미도 모르는 표현을 사용하는 것은 모든 나쁜 습관 중에서도 최악에 속한다.

저명한 철학자이자 심리학자인 윌리엄 제임스 교수는 자신의 흥미로운 저서 『선생님께 드리는 말씀』Talks to Teachers에서 다음과 같은 재미있는 이야기로 그런 습관에 대해 설명한다.

내 친구 하나가 저학년 지리 수업을 평가해 달라는 부탁을 받고 어느 학교를 방문했다. 그 친구는 책을 훑어보고는 이렇게 물었다.

"여러분이 땅에 구멍을 파야 한다고 생각해 보세요. 수백 피트나 파야 해요. 다 파고 내려갔을 때 맨 밑바닥은 꼭대기보다 따뜻할까요, 추울까요?"

아무도 대답하는 학생이 없었다. 그러자 선생이 대신 입을 열었다.

"학생들은 확실히 답을 알고 있습니다. 제 생각에는 선생님이 질문을 잘못하신 것 같아요. 제가 한번 물어볼게요."

선생은 교과서를 들더니 이렇게 물었다.

"지구 내부는 어떤 상태죠?"

학생 절반가량이 즉시 대답했다.

"지구 내부는 화성융합火成融合(igneous fusion) 상태입니다!"

이런 종류의 사건은 초등학교에서만 일어난다고 생각할지도 모르겠다. 그러나 사실 대학생과 대학원생을 포함한 우리 대부분은 스스로 인식하는 것보다 훨씬 더 빈번하게 이런 일을 한다. 심지어 수학이나 역학과 같은 분야에서도 이런 상황이 흔히 벌어진다. '에너지', '운동량', '변화율', '진동주기', '가치', '사회정의' 등과 같은 용어를 분명한 이해 없이, 때로는 그 의미를 전혀 이해하지 못한 채로 사용하곤 한다.

개념 정의의 중요성

> "개념을 일반적으로나 대략적으로만 알고 자만하면
> 끔찍한 불행을 가져올 수 있다." •괴테

항상 핵심 개념을 스스로 정의하는 습관을 들여야 한다.

이것은 현명한 공부의 필수 원리 중에서도 반드시 준수해야 할 가장 중요한 규칙이다.

사물 또는 사실을 분명하게 정의하지 않으면 그것들에 관해 현명하게 추론할 수 없다. 모호한 개념은 대상을 정확하게 이해하지 못하도록 방해할 뿐만 아니라 대상에 관한 모든 추론을 헛되게 만들어 버린다. 학생은 불확실하고 모호한 반쪽짜리 개념에 만족한 채로 나태해지지 않도록 마음을 굳게 다져야 한다.

반쪽짜리 지식은 전혀 쓸모가 없다. 나머지 반쪽이 제대로 채워지기 전까지는 말이다.

이 원칙을 깨닫고 꾸준히 실천하는 학생은 무엇을 공부하든 큰 어려움을 겪지 않을 것이다.

명확한 개념을 구성하는 습관을 들이는 방법에 대해서는 말하기가 쉽지 않다. 어느 정도는 직관적인 부분이라고도 할 수 있다. 몇몇 학생은 이런 습관을 가지고 있지만, 나머지는 그렇지 않다. 이런 습관을 들일 수 있는 학생도 있으나 도저히 불가능한 것처럼 보이는 학생도 있다.

이런 습관을 들일 수 없는 학생은 학문이나 전문직에 종사해서는 안 되며, 대학에 진학하는 대신 몸으로 하는 일을 해야 한다고 해도 과언은 아니다. 그런 사람은 언제든지 잘못된 길로 이끌릴 가능성이 크며, 그가 내리는 결론은 절대로 신뢰할 수가 없다. 그에게는 우리가 교육이라고 부르는 것이 유익하기는커녕 해롭기만 하다.

명확한 개념이란 모호함이 들어설 여지가 없는 것, 즉 단한 가지만을 뜻하는 개념을 말한다. 개념을 그렇게 정의하는 습관은 다음의 여러 가지 방식으로 형성할 수 있다.

a. 사전을 활용하라

"(이렇게 말하는 내가 옳다고 확신하며) 진심으로 단호하게
말하거니와 단어를 집중하여 바라보는 습관을 들이고,
그 의미를 음절 하나하나, 아니 글자 하나하나 확실히
이해할 수 있어야 한다." • 존 러스킨

"사전도 꽤 읽을 만한 책이다. 사전은 수많은 연상으로
가득 차 있다." • 랠프 월도 에머슨

사전을 찾아보면서 공부하면 단어 사이의 미세한 차이를
구별할 수 있게 되고, 자기 생각을 정확하게 표현하는 단어
를 알맞게 선택하여 사용하는 능력도 키울 수 있다.

단어의 유래나 어원을 공부하는 것도 도움이 되며, 성공
회 대주교이자 시인 리처드 트렌치의 『단어 연구』On the Study
of Words 같은 책과 좋은 선생이 이끄는 작문 수업도 개념을
분명하게 정의하는 습관을 들이는 데 큰 도움을 준다.

벤저민 프랭클린은 독서에 관해 조언을 구하는 어느 부인
에게 다음과 같이 말했다.

손에 펜을 들고 책을 읽으라고 말씀드리고 싶습니다. 책을 읽으면서 궁금한 점이나 유용한 내용을 작은 수첩에 기록하십시오. ……평소에 하던 독서에서 접하지 못했던 과학 용어가 너무 많이 나와서 책의 내용을 이해할 수 없을 때는 괜찮은 사전을 가까이에 두고 정확한 의미를 모르는 단어가 나올 때마다 즉시 찾아보는 게 좋습니다. 처음에는 귀찮고 독서의 맥이 끊기는 것처럼 느껴질 수도 있지만, 그런 문제는 매일 조금씩 사라지고, 단어를 하나씩 알아 감에 따라 사전을 펼쳐야 할 일도 점점 줄어들 것입니다. 그러는 사이에 독서는 점점 더 만족스러워질 겁니다. 내용을 더 많이 이해할 수 있을 테니까요.

그러나 때로는 사전도 별로 도움이 되지 않을 때가 있다. 한 가지 용어가 다른 용어를 통해 정의되어 있어서 그 용어를 찾아보았더니, 그 용어가 이번에는 첫 번째 용어로 정의되어 있는 경우가 있다. 또 때로는 어떤 단어의 정의가 원래 단어보다 더 이해하기 어려운 단어들의 조합인 경우도 있다. 사전마다 서로 조금씩 정의에 차이가 있기도 하다.

제대로 공부한다면 어학 공부, 특히 고전 연구는 대단히 큰 도움이 된다. 어학 공부는 하나의 언어를 다른 언어로 번역하는 작업과 어떤 생각을 정확하게 표현하는 말을 찾는 훈련을 병행해야 하기 때문이다.

고전을 공부하는 것이 현대 외국어를 공부하는 것보다 나은 이유도 있다. 현대 외국어를 공부할 때 학생들은 대체로 현대 언어로 쓰인 전문 서적을 읽는 능력을 목표로 삼는다. 아니면 여행이나 사업 분야에서 유용하게 사용할 수 있을 정도로만 겉핥기식으로 배운다. 반면에 고전을 공부할 때는 그런 목적이 완전히 사라지고, 의미의 미묘한 차이를 파악하는 데 모든 주의를 집중하게 된다. 물론 모든 것은 그 과목을 가르치는 선생과 가르치는 방법에 달려 있다.

"외국어를 전혀 모르는 사람은 자국어에도 무지하다."

• 괴테

b. 단어를 스스로 정의한 후 사전과 비교해 보라

매일 일상적인 단어 몇 개씩을 가능한 한 정확하게 정의한 다음 그것을 사전과 비교하는 연습을 하면 개념을 엄밀하게 정의하는 습관을 들일 수 있다.

이를 꾸준히 훈련하다 보면 어떤 단어든 다양한 방식으로 정의할 수 있다는 사실에 놀랄 것이다. 다양한 정의는 모두 옳을 수 있지만 그중 진정한 정의는 하나뿐이다.

예를 들어 소를 이렇게 정의해 보자.

D1: 네 발 달린 짐승

D1은 소를 잘못 설명하지는 않았지만 명백히 소의 정의라고 할 수도 없다. D1은 소가 아닌 다른 수많은 동물에도 똑같이 적용될 수 있다.

그렇다면 정의는 어떻게 구성되어야 할까?

이 질문에 대한 대답은 "완전한 지식은 무엇으로 이루어지는가?"라는 질문과 따로 떼어 놓고 생각할 수 없다. 즉 어떤 대상의 '완전한 개념'을 어떻게 만들어 내느냐 하는 문제이다. 철학자 라이프니츠는 완전한 지식이란 분명하고 확실하고 충분하고 직관적인 것이라고 말한다.

이해하면서 읽고, 개념을 정의하는 습관은 올바른 공부법에서 절대로 빼놓을 수 없는 핵심 요소이다. 이 두 가지를 실천하지 않으면 무엇을 공부하든 부분적인 지식밖에 얻지 못한다. 또한 언어를 불분명하게 사용하면 어떤 단어의 의미를 무의식적으로 다른 단어로 착각하거나, 잘못된 추론을 낳는 가장 큰 원인인 논리적 오류를 범하는 등 실수를 저지르게 된다.

그런 실수에 대한 책임은 전적으로 개념을 정의하는 습관을 들이지 않은 학생 자신에게 있다.

c. 논리학의 중요성

올바른 공부법을 익히려면 논리학을 공부해야 한다.

논리학이란 올바른 추론의 원리다. 논리학은 어떤 원리 또는 진리를 찾는 방법과 진리를 찾았을 때 진리를 찾았다는 사실을 인식하는 방법, 관찰과 실험을 통해 수집한 사실들로부터 일반 법칙에 도달하는 방법, 이미 알고 있는 바로부터 새로운 사실을 도출하는 방법을 가르쳐 준다. 즉 논리학은 모든 과학의 원리이자 지식의 모든 분과에 적용되는 원리다. 논리적 사고력을 기르는 것은 모든 학생이 지속적으로 추구해야 할 목표이다.

모든 사고는 다음 세 단계를 거친다.

1단계: 어떤 대상의 이름이나 용어 또는 어떤 종류의 특징이나 개
념을 파악하기
2단계: 이해한 것들을 서로 비교하기
3단계: 기존의 명제로부터 새로운 명제를 도출하여 새로운 진리
를 발견하기

예를 들어 보자.

S9: 철은 금속이다.
S10: 모든 금속은 원소이다.
S11: 철은 원소이다.

S9와 S10은 둘 다 명제이다. 이 말은 이 문장들이 참인지 거짓인지 확인할 수 있어야 한다는 의미다. 두 문장이 참인지 거짓인지를 확인하는 과정은 다음과 같다.

1단계: '철'과 '금속', '원소'라는 개념의 의미를 파악한다.

2단계: 파악한 개념들 사이의 유사성과 차이점을 이해한다.

3단계: 그로부터 S9와 S10이 모두 참이라는 사실을 확인하면 S9와 S10으로부터 새로운 진리 S11을 도출할 수 있다.

그러나 이 세 단계를 수행하는 과정에서 실수를 범할 가능성도 대단히 크다.

예를 들어 보자.

S12: 당신을 동물이라고 칭한다면 그것은 진실을 말하는 것이다.

S13: 당신을 당나귀ass*라고 칭한다면 그것은 당신이 동물이라는 말이다.

S14: 당신을 당나귀라고 칭한다면 그것은 진실을 말하는 것이다.

S12와 S13에는 누구나 동의할 것이다. 그러나 S12와 S13으로부터 도출된 결론 S14에도 동의할 사람은 없을 것이다. S14는 개념을 모호하게 사용하고 있으며, 따라서 참이라 할 수 없는 명제이다.

S14가 참이 아니라고 단언하고 싶다면 그것이 왜 참이 아

---

* 얼간이를 의미.

닌지 설명할 수 있어야 한다. 논리학을 공부하면 추론 과정의 어느 부분에서 실수가 일어났는지 알 수 있으므로 S14가 왜 참이 아닌지 설명할 수 있다.

모호한 개념에 휘둘리면 자신의 지적 판단을 신뢰하지 못하고 다른 사람들의 판단에 따르게 된다.

논리학을 공부하면 용어와 개념을 엄밀하게 분류하고 구별하는 능력을 기를 수 있다. 어떤 개념에 관해 추론하기 전에 명확하게 정의하고 활용할 수 있다는 점도 중요한 장점이다.

앞에서 설명했듯이, 실수를 불러일으키는 애매한 용어는 수도 없이 많다. 이름 하나가 여러 가지 서로 다른 것을 의미하기도 한다. 여기에서도 명확한 개념 정의의 중요성이 또 한 번 드러난다.

"모든 것을 정의하고 모든 것을 증명하라."

파스칼은 논리적 사고의 본질을 이와 같이 규정했다.

이 말은 곧 어떤 표현의 의미를 확실하게 정의하고 이해하기 전까지는 그에 대해 생각하려고 하지 말라는 뜻이다.

개념을 정의하고 그 의미를 분명하게 이해했다면, 그 내용을 최종적으로 완전히 받아들이기 전에 이해한 모든 것을 증명하려고 노력해야 한다. 비록 때로는 시간이 부족해서 어떤 결론을 잠정적으로, 또는 일시적으로 받아들이거나 가정해야 할 때도 있지만 말이다.

논리학을 공부하면 주어진 전제에 나타난 용어를 완전히 이해하지 못했을 때도 전제에서 올바른 결론을 이끌어 낼 수 있다.

예를 들어 보자.

S15: 셀레늄은 2주기 원소이다.
S16: 2주기 원소는 수소 2개와 결합하여 화합물을 만들 수 있다.
S17: 셀레늄은 수소 2개와 결합하여 화합물을 만들 수 있다.

'셀레늄'과 '2주기 원소' 등의 개념을 이해하지 못해도 S15와 S16으로부터 S17을 올바르게 도출할 수 있다. 그러나 개념을 이해하여 전제가 모두 참인지 거짓인지 알기 전까지는 S17이 참인지 거짓인지 알 수 없다.

학생이라면 누구나, 반드시, 논리학을 체계적으로 배워야 한다. 체계적 교육 과정을 이수할 수 없다면 유명한 논리학자 윌리엄 제번스의 『기초 논리학 강의』Elementary Lessons in Logic나 존 스튜어트 밀의 『논리학 체계』The System of Logic 및 논리학 개론서를 이용해 혼자서라도 꼼꼼하게 공부해야 한다.

조지 베이커와 헨리 헌팅턴이 함께 쓴 『논증의 원리』The Principles of Argumentation도 훌륭한 교재이다. 이 책은 형식 논리학을 다루지는 않으나, 논문을 쓰거나 어떤 논증을 구성할 때 이용해야 할 일반 원리, 증거, 논리의 오류 등에 대해 이야기한다. 이러한 책들은 전통적으로 하버드대학교를 비롯한 여러 명문 대학에서 교재로 활용되어 왔다.

훌륭한 선생에게 훌륭한 논술 수업을 받는다는 것은 곧 훌륭한 논리학 수업을 받는다는 것과 같다. 분명하고 논리적인 글쓰기는 분명하고 논리적인 사고 없이는 불가능하기 때문이다.

그러므로 학생들이 여기에 만족하지 말고 형식 논리학도 공부하기를 강력하게 권하는 바이다.

2

다른 방식으로, 다른 관점에서
진술해 보라

어떤 것이든 다른 방식으로 진술하거나 다른 관점에서 바라보는 법을 배워야 한다.

이 세상 모든 것에는 그것을 서로 다르게 바라보는 여러 관점이 존재한다. 진실은 수많은 방식으로 진술될 수 있으며, 다양한 관점에서 다른 모습으로 나타날 수 있다.

학생들은 먼저 어떤 원리를 수학의 관점에서 기술하고, 그런 다음에 수학자가 아닌 사람도 이해할 수 있게 비전문적이고 단순한 언어로 기술하는 방식을 훈련해야 한다. 전문적인 내용을 비전문적인 언어로 기술하는 연습을 게을리해서는 안 된다.

철학자 버클리는 이렇게 말했다.

"지식인처럼 생각하고 무지한 사람처럼 말해야 한다."

어떤 명제를 확실하게 이해했다면 그것을 세련되고 명쾌한 문체까지는 아니더라도 애매하지 않은 분명한 언어로 진술할 수 있어야 한다.

흔히 "이해는 하겠는데 설명은 못 하겠다."라고 말하는 학생들이 있는데, 이런 말은 자기기만일 뿐이다. 그들은 이해도 하지 못했다. 완전히 이해했다면 애매하지 않게 분명히 설명할 수 있어야 하며, 그 설명을 듣고 남들도 이해할 수 있어야 한다.

그래서 예리한 관찰자는 몇 분만 대화를 나누어 보고도 상대의 지적 능력을 평가할 수 있다. 부정확하거나 엉성한 사고는 말에서 확연히 드러난다.

3

긍정문으로도, 부정문으로도
진술해 보라

긍정문으로만 진술해 볼 것이 아니라 부정문으로도 진술해 보아야 한다. 즉 "이것은 이러이러하다."라는 형식으로만 진술하는 것이 아니라, 완벽하지는 못하더라도 "이것은 이러이러하지 않다."라는 형식으로도 진술해 봐야 한다. 이 말은 무엇이 포함되어 있는지만 알면 되는 것이 아니라 무엇이 포함되지 않는지도 인식해야 한다는 뜻이다.

어떤 결과나 원리에 도달했을 때는 그것이 참이라는 사실과 더불어 역의 경우에는 어느 정도까지 거짓인지 아는 것도 중요하다.

무언가를 안다고 말하려면 어떤 관점에서든 그것을 인식할 수 있고, 어떤 관점에서든 기술할 수 있으며, 특정한 요구에 맞는 언어로 말할 수 있고, 다른 것들은 왜 참이 아닌지 설명할 수 있어야 한다. 그럴 수 없다면 어떤 대상을 진 정으로 이해했다고 말할 수 없다.

"진실뿐 아니라 진실을 참이 아니게 만드는 조건도 말해야 한다. 그것이 우리의 믿음을 구성하는 요소이다. 참이 아닌 진술이 참으로 보이는 이유가 분명하게 드러날 때 우리가 참이라고 믿는 것이 정당화되기 때문이다." • 아리스토텔레스

아리스토텔레스의 말은 추론의 결과로 도출된 모든 진술 과 견해 진술을 모두 분석해야 하며, 어떤 반박이 있을 수 있는지도 살펴야만 우리가 어떤 것이 진실인지, 그리고 그 이유가 무엇인지 안다고 확신할 수 있다는 뜻이다.

변호사는 이런 종류의 훈련을 아주 충실히 하는 셈이다. 변론을 구성하면서 자기가 반대쪽 변호를 맡았다면 어떻게 반박할지 치밀하게 예상해야 하기 때문이다. 그러나 변호사 가 항상 진리를 찾는 데만 몰두하는 것은 아니다. 그들은 흔 히 그럴듯하지만 건전하지 못한 논증을 찾고 구성하여 상대 의 논증을 반박하려고 든다. 그리고 자신의 수사학 기술을 총동원해서 의도적으로 '덜 적합한 근거를 더 합당한 근거

로 보이게' 하려고 노력하곤 한다.

반면에 수학을 공부하는 학생은 증거를 조사하거나 어떤 논증에 대해 반박 가능한 내용을 찾는 연습을 할 기회가 그다지 많지 않다. 그들은 의심의 여지가 없는 확고하고 고정적인 원리를 다루기 때문이다.

조지 허버트 파머 교수는 자신의 저서 『자유의 문제』The Problem of Freedom에서 다음과 같이 말한다.

"어떤 생각에 대한 모든 방식의 반박 내용을 다 이해하기 전에는 그 생각을 안다고 말할 수 없다. 또 반대 의견을 지닌 사람들에게 직접 우리를 설득해 보도록 하기 전까지는 반대 의견의 힘을 느낄 수 없다."

변호사가 변론에 들어가기 전에 미리 해 보는 일이 바로 이것이다.

변호사는 반대쪽 변호사나 검사가 자신과 배심원을 설득하기 위해 어떤 반대 의견을 제시할지 확실히 알고 법정에 선다.

4

핵심어와
생략해도 되는 단어를 찾아라

어떤 문장에서 핵심 단어를 찾고, 꼭 필요하지 않아 생략해도 되는 단어는 없는지 찾아본다.

예를 들어 보자.

> S18: 어떤 물체에 힘을 가했을 때, 힘의 작용점이 힘의 작용선 방향으로 향하면 그 힘이 그 물체에 작용하고 있다고 말한다.
>
> S19: 물질이란 공간을 점유할 수 있는 존재이다.
>
> S20: 네 이웃에게 불리한 거짓 증언을 하지 마라.

S18에서 핵심이 되는 표현은 무엇일까?

"힘의 작용선 방향"이라는 문구의 의미는 무엇인가?

이 단어들은 모두 필수적인가, 아니면 생략할 수 있는가?

진술에 사용된 단어를 다른 단어로 대체할 수 있는지도 살펴봐야 한다. 단어를 다른 것으로 대체한 결과로 그 진술이 거짓이 되어서도 안 되고, 더 정확하거나 더 나은 진술이 되어서도 안 된다.

S19의 "점유할 수 있는"이라는 표현을 "점유하는" 또는 "차지하는" 등의 표현으로 대체해도 좋을까?

의도한 대로 의미를 전달하려면 어떤 단어를 강조해야 하는지 주목하자.

S20에서는 어떤 단어를 강조하는지에 따라 전하고자 하는 의미가 크게 달라질 수 있다.

학생들은 종종 균형 감각을 상실한 채 개념을 확실하게 정의하고 파악하는 데 실패한다. 특정한 단어나 문구의 의미 또는 그것이 꼭 필요한지 여부를 알지 못하기 때문이다. 어떤 부분을 강조해야 하는지 이해하지 못한 탓일 때도 있다.

5

읽은 내용을
곱씹고 설명하고 응용해 보라

"아는 것만으로는 충분하지 않다. 아는 것을 활용할 줄도
알아야 한다. 의지만으로는 충분하지 않다. 행동으로
옮겨야 한다." • 괴테

　다른 주제로 넘어가기 전에 이미 읽고 도달한 결론을 곱씹
어 보고, 다른 사람에게 설명해 보고, 응용해 보도록 한다.

　책에서 제시된 내용을 완전히 다른 경우에도 적용해 보
고, 그것이 어떻게 일반적으로 적용될 수 있는지 이해하려
고 노력한다. 머릿속을 뿌연 상태로 두고 다른 것으로 넘어
가서는 안 된다. 책에 나온 내용을 완전히 다른 상황에 적용
해 보는 능력은 읽은 것을 자기가 제대로 이해했는지 확실
하게 평가하는 수단이다.

분명하게 설명하지도 않고 구체적으로 적용하지도 않은 추상적 관념이나 결과는 소화되지 않은 음식과 같다. 그것은 완전히 이해한 것이 아니며 머릿속에서 곧 사라져 버린다.

설명할 때는 시간이 허락되는 한 직접 써 보아야 한다. 필요하다면 그림도 그리되, 책에서 제시되었던 것과 다른 표현을 써서 설명한다. 그리고 각각의 단어와 표현 방식 등이 최선인지 생각하며 의미를 정확하게 전달하는 데 꼭 필요하지 않은 표현은 다 생략하고 최대한 간결하게 설명하려고 노력한다.

윌리엄 헌던은 자신의 저서 『링컨의 일생』Life of Lincoln에서 링컨이라는 위대한 인물에 대해 다음과 같이 말했다.

"그는 주제를 분명하게 이해하고, 정확하고 설득력 있게 표현하기 위해 공부했다. 나는 그가 한 가지 생각을 가장 잘 표현하는 방법 세 가지를 찾기 위해 몇 시간이나 고심한다는 것을 알고 있었다."

이와 같은 훈련을 꾸준히 수행하면 어떤 주제에 대해서든 완전히 이해할 수밖에 없다.

여러 개의 등식으로부터 미지수의 값을 구하려면 다음 조건이 만족되어야 한다.

필수 조건: 미지수의 개수와 독립적인 방정식의 개수가 같아야
한다.

이 진술은 학생들 대부분의 마음속에 별다른 인상을 남기지 못한다. 어쩌면 아무런 인상도 남기지 못할지도 모른다. 학생들은 이 조건이 의미하는 바를 정확하게 이해하지 못하고 함정에 빠져 잘못 적용하기 쉽다.

주어진 조건을 제대로 이해하려면 진술을 이루는 단어 하나하나가 무엇을 의미하는지, 그리고 그것들이 모두 꼭 필요한 단어인지 스스로 질문을 던져야 한다.

'독립'이라는 표현은 생략해도 되는가?

생략할 수 없다면 그 이유는 무엇인가?

여기에서 이 단어가 진정으로 의미하는 바는 무엇인가?

모든 방정식이 미지수를 포함해야 한다는 뜻인가?

미지수를 포함하지 않은 방정식이 있어도 되는가?

방정식이 미지수 개수보다 적으면 어떻게 되는가?

방정식이 미지수 개수보다 많으면 어떻게 되는가?

이 질문들은 다른 용어로 바꾸어 생각해 보는 장점을 잘 설명해 준다.

그러니까 방정식이라는 게 도대체 무엇인가?
방정식이란 단지 어떤 기호를 사이에 둔 숫자들의 조합인가?

학생은 방정식이 확실하게 이해할 수 있는 진술임을 알아야 하며, 단순한 글자로 보이는 이 용어들이 어떤 사실을 표현하는 명제임을 이해해야 한다.

각각의 방정식에는 각각의 내용이 담겨 있다. 학생은 어떤 방정식이 말하려는 바를 수학적이지 않은 일상 언어로 기술해 보아야 한다.

특정 방정식의 조합은 방정식에 사용된 용어와는 아무 관계도 없는 어떤 사실 또는 결론을 표현한다. 즉 역학에서 $\Sigma H=0$, $\Sigma V=0$, $\Sigma M=0$이라는 세 방정식을 하나로 합쳐서 생각하면, '어떤 힘들이 균형을 이루고 있다.'라는 일상 언어가 된다. 세 방정식은 그 단순한 사실을 표현하는 기술적 진술이다. 이 방정식들이 충족되면 힘은 균형을 이룬다. 충족되지 않으면 힘은 균형을 이루지 않는다.

더 나아가, 학생들은 첫째, 방정식들이 서로 다른 사실을 의미할 때, 그리고 둘째, 여러 방정식이 표현하는 사실들로부터 어떤 방정식의 의미를 도출할 수 없을 때, 그 방정식들이 서로 독립적임을 수학적이지 않은 일상 언어로 이해하고 설명할 수 있어야 한다.

전문 용어를 평범한 일상 언어로 번역할 때 얻을 수 있는 이점을 조금 더 살펴보자.

대수학을 공부하는 학생은 이항 정리, 즉 이항식의 거듭제곱을 전개하는 법을 배운다. 그러나 이 정리를 깊이 생각하고 설명하며 일상생활에서 어떻게 활용되는지 이해하는 학생은 거의 없다. 그래서 21의 제곱이 얼마인지 물으면 펜과 종이 없이 순수한 암산만으로는 즉시 대답을 내놓지 못한다. 그러나 이항 정리를 완전히 이해한 학생이라면 21이건 21.5이건, 그와 비슷한 어떤 수의 제곱이든 망설이지 않고 즉시 답을 말할 수 있다.

이렇게 반복하여 연습하고 깊이 생각하는 습관을 들이면 놀라운 결과를 얻게 된다.

주의를 집중해서 읽어라

언제나 정신을 바짝 차리고 활기찬 상태를 유지하라.

그저 자리에 앉아서 책을 멍하니 들여다보고 있어서는 안 된다. 그런다고 저절로 내용이 이해되고 지식이 쌓이는 일은 결코 없다. 공부할 때는 주의를 집중하고 온 정신을 쏟아야 한다.

공부는 지적이고 적극적인 정신 활동이다. 꿈을 꾸듯 몽롱한 정신 상태하고는 거리가 멀다.

그렇다고 조급하게 서둘라는 의미는 결코 아니다. 때로는 일종의 꿈을 꾸는 듯한 사고 과정이 생각을 명확하게 하고 사고의 틀을 잡으며 마음을 가다듬을 시간과 기회를 제공하기도 한다.

우리는 종종 격렬한 정신 활동 없이 상대적으로 느긋하게 명상하는 동안 읽은 내용에 대해 많은 것을 배우곤 한다. 그런 명상에는 무엇과도 바꿀 수 없는 가치가 있다. 그러나 그것은 정신적인 나태함과는 전혀 다르다.

적당한 명상은 이롭다. 그러나 그것은 공부할 때가 아니라 휴식 상태에서 이뤄져야 함을 잊어서는 안 된다.

다양한 견해 차이의
원인을 찾아보라

어떤 주제에 관해 자신과 다른 견해와 마주치면, 지적인 사람들이 서로 다른 결론을 내놓게 된 이유를 깊이 생각해 보아야 한다.

그런 이유에는 다음과 같은 것들이 있다.

    a. 둘 중 한 사람 또는 두 사람 모두 관련 사실을 다 이해하지 못했거나 문제 자체를 이해하지 못한 경우. 또는 잘못된 사실이나 원리를 옳은 것으로 가정했을 수도 있다. 이런 경우는 어디가 잘못되었는지 쉽게 확인할 수 있다.

    b. 둘 중 한 사람 또는 두 사람 모두 올바른 전제로부터 잘못된 추론을 한 경우. 이 경우에도 쉽게 잘못을 발견할 수 있다.

    c. 둘 중 한 사람 또는 두 사람 모두 사실을 균형 있게 바라보지

못한 경우. 마음의 평정을 잃었거나 인식 능력이 부족한 경우이다.

 d. 둘 중 한 사람 또는 두 사람 모두 타고난 고집불통이거나 남의 말에 귀 기울이지 않는 심성을 지닌 경우.

의견이 일치하지 않는 이유가 c나 d일 때 그 원인을 발견할 수 있는지 없는지는 학생 자신의 정신 능력과 특성에 달려 있다.

어떤 문제에 관해서든 결정적으로 입증할 수 있는 결론이란 있을 수 없으며, 판단의 결과는 어느 정도 개인의 견해 문제임을 결코 잊어서는 안 된다.

증명과 단순한 주장을 구별하라

진술은 증명이 아니다.

진술 하나를 다른 단어로 반복만 해 놓고 자기가 그 진술을 증명했다고 착각하는 학생이 많다. 깜짝 놀랄 정도로 많은 학생이 이와 같은 실수를 저지른다. 그런데 논리적 입증 과정을 한 단계 한 단계 이해하기 전에는 그 결론을 이해했다고 할 수 없다.

예를 들어 유리를 통해 건너편을 볼 수 있는 이유를 물었을 때 유리가 투명하기 때문이라고 대답한 학생은 질문에 대답한 것이 아니다. '투명하다.'라는 말의 의미는 '막힘없이 꿰뚫어 볼 수 있다.'이기 때문이다. 따라서 유리가 투명하기 때문이라는 대답은 '유리를 통해 건너편을 볼 수 있는 이유는 유리를 통해 건너편을 볼 수 있기 때문'이라는 대답과 같다.

논증이나 삼단 논법에서도 같은 실수가 흔히 발견된다. 다음 삼단 논법을 살펴보자.

P1: 운동선수답지 못한 행동을 해서는 안 된다.
P2: 그의 행동은 운동선수답지 못했다.
Q: 그러므로 그 선수는 그렇게 행동하지 말았어야 했다.

이것은 좋은 추론이라고 할 수 없다. "운동선수답지 못한"이라는 표현의 의미 자체가 단순히 '운동선수가 하지 말았어야 하는 행동'이기 때문이다.

이 논증의 결론 Q는 단순히 두 번째 전제 P2를 반복했을 뿐이다. 이 결론을 주장하기 위해 정말 증명해야 할 것은 그 선수의 행동이 운동선수답지 못했다는 사실이다. 어떤 점에서, 어떤 이유로 운동선수답지 못했는지 보여 주어야 한다는 말이다.

Ⅲ.

체계성

주제의 핵심 아이디어를 찾아라

주제에서 핵심 아이디어를 찾아야 한다.

세부 사항은 잠시 내려놓고 근본적인 부분을 파고들어야 한다. 정말로 중요한 내용을 찾는 것이다.

핵심 아이디어를 확실히 이해하고 숙달한 다음 근본 내용과 적절하게 관련된 세부 사항을 정리한다. 핵심 주제라는 뼈대 위에 세부 사항으로 살을 입히는 것이다.

인간의 몸에 비유하면 공부해야 할 핵심 주제는 여러 장기 등을 지탱하는 뼈대 또는 척추다. 나무에 비유하면 가지와 잎이 뻗어 나가는 몸통이다. 관련된 사실의 중요성을 따져서 필수적인 것을 추려 내는 일은 분별력과 판단력을 키우는 훈련이 된다.

핵심 정보를 찾으면 주제와 관련돼 추가된 사실이 이미

아는 것과 새롭게 연결될 수도 있으며, 그런 식으로 공부한 내용을 더 잘 기억할 수 있다.

프랑스의 교육자 조제프 자코토의 다음과 같은 금언을 명심하라.

"먼저 중요한 것을 철저하게 배운 다음 나머지 연관된 것들을 참고하라."

필수적이지 않은 사실이나 부차적인 내용은 처음 읽을 때는 생략하고 지나간 다음 나중에 다시 읽는 것도 좋다. 한 번 읽은 것을 다시, 여러 번 되풀이하여 읽는 것이 올바른 공부법이므로 처음부터 모든 내용을 다 꼼꼼히 읽으려고 애쓸 필요는 없다.

한 가지 주제에 대해서도 모든 것을 다 알 수는 없는 법이다. 따라서 기본적이고 핵심적인 것을 철저하게 아는 것이 중요하다.

어떤 주제에 관해 기초 지식밖에 얻지 못했다고 하더라도 그 지식이 빈틈없는 것일 수도 있고 근본 내용을 다 포함한 것일 수도 있다. 철저한 기초 지식은 겉핥기식 지식과는 전혀 다르다. 모호하고 불확실한 겉핥기식 지식은 핵심 사항을 포착하지 못한다. 그런 지식은 유용하기는커녕 해롭기만 할 뿐이다. 단지 자기가 어떤 주제를 들여다보았다는 이유만으로, 대단히 피상적이고 무가치한 지식밖에 없으면서도 스스로 무언가를 알고 있다고 자신을 속이는 학생이 수도 없이 많다.

그러나 기초 지식은 분명하고 확실하기만 하다면 가치가 있으며, 더 복잡한 지식으로 나아가기 위한 첫걸음이 된다.

근본 원리 또는 사실을 발견한 다음, 그것을 철저히 이해할 때까지 주의 깊게 공부해야 한다. 따라서 제대로 공부하는 방법을 아는 사람은 주제에 관한 핵심 내용—근본 원리나 사실—을 담은 문장이나 문단을 먼저 골라낸 다음, 그 의미를 완전히 이해하고 철저히 숙달할 때까지 그것을 몇 번이고 반복해서 읽고 또 읽는다.

그렇게 하면 스스로도 놀랄 만큼 빠른 속도로 나머지 부분을 이해하고 숙달하게 된다. 나머지 세부 내용에 대한 공부는 토론이나 설명 등으로 이루어지는 일이 많으며, 그 과정에서 핵심 내용은 확실하게 기억에 남는다.

학생들은 대체로 이런 과정을 잘 수행하지 못한다. 핵심 원리를 이해하지 못하고, 각각의 설명을 핵심 주제와 동떨어진 독립된 문제로 보고 그것들을 하나하나 따로 공부하려고 든다. 그리고 각각의 문제의 바탕에 있는 근본 원리를 이해하지 못한 결과, 전체 내용을 완전히 이해하고 숙달하는 데 언제나 실패하고 만다.

2

공부하기 전에
무엇을 알고 있는지, 혼자 어디까지
도달할 수 있을지 생각해 보라

어떤 주제를 공부하기 전에 먼저 그 주제를 곰곰이 생각해 본다.

자신이 이미 알고 있는 내용이 무엇인지 생각해 보고, 아무 도움도 받지 않고 스스로 공부함으로써 어디까지 도달할 수 있을지도 예상한다.

그 주제를 공부함으로써 무엇을 얻을 수 있을지, 그것이 자신이 이미 공부한 것들과 어떻게 연관될지, 그리고 그것들을 어떻게 활용할 수 있을지도 인식하려고 노력한다.

저명한 역사학자 에드워드 기번은 자신의 자서전에서 "어떤 책을 읽기 전에 미리 주제에 대해 깊이 생각해 보고 그에 관해 이미 알고 있는 것이 무엇인지 정리하고 분류하는 것"을 하나의 규칙으로 삼았다고 말했다.

이 과정을 얼마나 철저하게 수행해야 하는지는 공부할 주제가 무엇인지에 달렸다.

예를 들어 과거에 한 번도 공부해 본 적이 없는 새로운 과학 과목을 공부하는 학생이라면 이 과정을 상대적으로 간단하게 지나쳐도 된다.

그러나 적어도 그 과목의 주제 또는 문제가 어떤 것인지는 확실하게 이해하고, 나아가 학습 목표와 방법, 그 과목이 다른 과목과 어떻게 연관되는지, 어떻게 활용되는지, 그리고 다른 과목에서 이미 배운 내용이 이 과목에서 어떻게 쓰일 수 있는지 파악하려는 노력을 게을리해서는 안 된다.

공부한 내용을
분류하고 정리하라

공부한 내용은 항상 분류하고 정리해야 한다.

　a. 어떤 주제에 대한 공부를 부분적으로 끝냈다면 잠시 멈추고
　　그동안 몰랐던 분야에 대해 깊이 생각하며 다양한 사실을
　　정리한다.

　b. 주제를 정리해 색인을 만들고 목차와 비교해 본다.

　c. 사실 사이의 상호 관계 또는 독립성을 주의 깊게 살펴보고
　　그것들을 하나로 연결한다.

그렇게 하면 사실과 원리가 서로 연계되어 더 오랫동안
뚜렷하게 기억에 남을 것이다.

논증 과정을 자신의 언어로 간략하게 정리해 기록하고,

결론이 정당한지 평가해 본다.

때때로 책을 덮고 머릿속으로 자신이 무엇을 배웠는지 검토해 본다.

체계적인 분류는 대단히 중요하다.

학생들의 머릿속은 대체로 정돈되지 않은 도서관과도 같다. 어딘가에 책이 있긴 한데 필요할 때 찾아서 꺼내 쓸 수가 없는 상황이다. 그런 지식은 아무짝에도 쓸모가 없다.

"머릿속에 다양한 분야의 수많은 지식을 넘쳐나도록
지니고 그것들을 짐칸에 마구 뒤섞어서 실어 나르는 일과
똑같은 양의 지식을 즉시 전달하고 배달하기 쉽도록
알맞은 상자에 넣고 분류하여 실어 나르는 일 사이에는
엄청난 차이가 있다." • 조지 호레이스 로리머

Ⅳ.

자주성

지금까지 해 온 이야기들만 보아도 올바른 공부법의 네 번째 요소는 자주성이라는 사실이 분명하게 드러난다.

　공부에는 분명한 목표가 있어야 하며, 누가 시키지 않더라도 그것을 실천해야 한다. 시키는 대로만 공부해서는 안 된다. 계획도 없고 그것을 수립할 능력도 없는 학생은 결코 현명하게 공부할 수 없으며, 읽은 내용을 단순히 외우기만 할 뿐 절대로 완전하게 이해할 수 없다.

　기억력은 대단히 중요한 능력이다. 그러나 기억력은 사고력을 뒷받침할 뿐 그것을 대신할 수는 없다.

　무엇을 기억할지 결정하려면 생각을 해야 한다. 그러나 때로는 기억력이 공부의 유일한 요인일 때도 있다. 핵심적이고 근본적인 원리는 셀 수 없이 반복해서 외워 머릿속에 영원히 새겨 두고, 그것을 적용해야 하는 구체적인 예에서 말 그대로 길잡이 역할을 하게 해야 할 때도 분명히 있다.

지금부터 자주성을 기르고 활용할 때 유용한 몇 가지 방법을 살펴보자.

공부하는 내용에 흥미를 느껴라

공부하고 있는 내용에서 흥미로운 부분을 찾고, 그것에서 어떤 아이디어를 발전시키려고 노력한다.

흥미가 없으면 의무감만으로 공부하게 되고 그러다 보면 공부한 내용이 쓸모없게 느껴진다. 그럴 때는 지금 세상에서 가장 중요한 내용을 공부하고 있다고 스스로 확신하도록 노력하라.

물론 학생이라면 모두가 선생이 짠 교과 과정에 따라 정해진 과목과 주제를 공부해야 한다. 학생에 따라 특정 과목에 그다지 관심이 없는 것도 당연하다. 사실 일부 과목은 학생의 본래 취향과는 너무 거리가 멀고 낯설 때도 많다. 그런 과목에 흥미를 키우기란 대단히 어려운 일이다.

그런 과목을 공부해야 하는 학생은 많은 것을 얻지 못할 것이다. 그 과목이 필수적이거나 바람직한 교과 과정이라고 처방한 사람들의 판단을 신뢰하면서도 그것들이 자신에게 도움이 되고 가치 있는 것이라고 스스로를 설득하는 데 실패하거나 어떻게 해도 도저히 흥미가 생기지 않는다면, 학교에서 낙제생이 되거나 좋은 성적을 얻지 못하는 한이 있더라도 그 과목은 포기하는 쪽이 자신에게 더 나은 선택일수도 있다. 교과 과정에 포함된 많은 과목을 확실히 이해하지 못한 채 대충 공부한다면, 비록 어쩌다 좋은 성적을 얻는다 해도 그 성적표는 아무 쓸모도 없는 휴지 조각에 지나지 않는다.

적극적으로 흥미가 생기는 특정 과목만 철저하게 집중해서 공부하고 싶을 수도 있다. 그렇게 하면 물론 해당 과목에는 능수능란해질 수 있다. 그러나 그 결과 다른 과목이 길러주는 폭넓은 시야를 얻지 못하고 편협한 사람이 될 수밖에 없으며, 제대로 교육받은 사람에게 필수적이라 할 수 있는 교양을 두루 갖출 수 없게 된다.

2

문제를 명확하게 규정하라

　문제가 주어졌을 때는 먼저 그 문제를 명확하게 규정하는 습관을 들여야 한다.

　문자 그대로 자기가 무엇을 하고 있는지 모르는 학생들이 많은데, 그것은 학생들이 이 규칙을 무시하기 때문이다. 이 규칙은 개념을 정확하게 정의할 필요에서 나오는 필연적 귀결이라고도 할 수 있다.

　아무리 시간이 오래 걸리더라도, 문제가 무엇인지 정확하게 규정하기도 전에 그것을 해결하려 들어서는 안 된다. 뚜렷하든 그렇지 않든, 문제를 이루는 요소가 무엇이며 그중 어떤 것이 꼭 필요한지 살펴보라. 만약 그것이 명확하지 않다면 얼마나 다양한 요인이 결과에 영향을 미치는지 살펴보아야 한다.

3

스스로 공부하라

"자신의 결점을 바로잡고 실수를 만회하는 것보다
더 큰 복은 없다." •괴테

남의 도움을 받지 말고 스스로 공부하라. 자기 힘으로 난
관을 헤쳐 나가고, 그런 상황을 기쁘게 받아들여라.

공부가 쉬울 거라고 생각해서는 안 된다. 누가 보여 주고
가르쳐 주는 대로 보고 듣기만 해서는 힘을 기를 수 없다.
아무 도움도 받지 않고 스스로 노력해야만 실력이 쌓인다.

그러므로 할 수 있는 한 모든 것을 자기 힘으로 해야 한
다. 추론을 통해서는 알 수 없는 사실이나 정보를 얻는 질문
을 제외하면, 도움이 필요할 때 선생에게 해답을 요구하지
말고 스스로 답을 찾을 수 있도록 최소한의 조언만 구한다.

문제를 풀 때는 틀리는 한이 있어도 온전히 혼자 힘으로 풀어야 한다. 그런 다음 오답을 확인하고, 그런 실수를 저지른 원인을 철저하게 검토하여 다시는 그와 비슷하거나 똑같은 실수를 저지르지 않도록 잘못된 점을 개선한다.

공부하다가 난관에 부딪힐 때마다 그 난관을 실력을 쌓고 평가하며, 앞으로 저지를지도 모르는 실수를 미연에 방지하게 하는 기회로 여기고 즐길 줄 알아야 한다. 마찬가지로 시험도 두려워할 일이 아니라 오히려 환영할 일로 여겨야 한다.

선생이 학생을 검사하고 평가한다고 생각해서는 안 된다. 학생 스스로 자신을 검사하고 평가해야 한다. 선생은 단지 검사 결과를 기록할 뿐이다. 좋은 성적을 얻지 못하거나 자격시험을 통과하지 못하더라도, 학생은 그것을 자기가 어떤 점이 부족한지 알려 주는 유익한 결과로 받아들여야 한다. 사실 길게 보면 간신히 시험에 합격하는 것보다 차라리 떨어지는 편이 낫다.

어떤 시험이든 합격선이라는 것이 있다. 그 선을 넘는 사람은 시험에 통과하고 넘지 못하는 사람은 떨어진다. 그러나 시험에 합격한 사람이 떨어진 사람보다 항상 능력이 뛰어난 것은 아니다. 그런데도 시험에 합격했다는 이유로 자신의 단점과 약점을 개선할 기회를 잃어버린다. 반대로 시험에 떨어진 사람은 자신의 단점과 약점과 개선해 실력을 더 키울 수 있다. 과학자 토머스 헉슬리의 말대로, 바른 해답을 찾는 것이 최선이지만 차선은 철저하게, 그리고 건전하게 틀리는 것이다.

4

저자의 결론을 읽기 전에
자신의 결론을 이끌어 내라

저자가 어떤 결론을 제시하기 전에 가능한 한 자신의 결론을 먼저 내 본다.

책을 읽으면서 '이상으로 볼 때 결론은 다음과 같이 명백하다.'와 같은 표현이 나올 때마다 잠시 책을 덮고 다음에 나올 그 '명백한' 결론이 무엇일지 미리 예상한다. 스스로 도출한 결론을 써 보고 저자의 결론과 비교한다. 어떤 형태가 되었건 가능한 한 이런 연습을 생활화한다.

자신의 결론이 저자의 결론과 다르면 어느 쪽이 옳은지, 아니면 양쪽 다 옳을 수 있는지 검토한다.

저자가 틀렸고 자신이 옳다면 저자는 왜 올바른 결론에 도달하지 못했는지 생각한다. 저자가 그 문제를 적절하게 다루지 못한 건지, 아니면 단순한 표현상의 문제인지 찬찬히 검토해 본다.

어떤 주제를 탐구하는 과정은 질문을 던지고 그 질문에 대답하는 과정이다.

학생이 먼저 스스로 질문을 제기해야만 한다. 물론 그것은 적절한 질문이어야 한다. 즉 학생은 주어진 상황에서 어떤 질문이 적절한지 판단할 수 있어야 한다. 그런 다음 가능한 모든 대답 중에서 가장 적절한 대답을 스스로 찾아내도록 한다. 문제는 그런 식으로 조금씩 해결된다.

질문은 분명히 규정되어 있지 않을 때가 많다. 그럴 때에는 대답도 두루뭉술할 수밖에 없다. 그러나 어떤 질문이건 간에, 올바른 대답은 존재한다. 학생은 주어진 상황에서 가능한 한 가장 분명한 대답을 제시해야 한다. 그리고 자신의 대답을 설득력 있게 제시하는 능력, 또는 필요할 경우 가능한 대답을 적절한 방식으로 분류하는 능력을 습득해야 한다.

5

결론에 도달하는 논리를
스스로 구성하라

저자가 결론에 도달한 과정을 명시하지 않았을 때는 저자의 사고 과정을 이해하는 데 너무 많은 시간을 들이지 말고, 그 결론에 도달하는 자신의 논리를 구성하도록 한다.

그럼으로써 저자의 뒤를 따르기보다 자신의 사고력과 자주성을 기를 수 있다.

지나치게 자세하고 분명한 책은 교재로 좋지 않다. 학생들이 스스로 노력하게 만들어야 좋은 교재라고 할 수 있다.

6

일반화하라

전제들로부터 가장 보편적인 결론을 이끌어 내도록 한다. 혹시 일반 원리로 규정할 수 있는지도 살펴본다.

그러나 한편으로는 불충분한 자료를 가지고 성급하게 일반화하는 오류를 범하지 않도록 주의해야 한다.

7

책을 넘어서라

책은 하나의 제안일 뿐 최종적인 해답이 아니다.

책이란 그것을 읽는 동안 힘을 키워 주는 도우미일 뿐이다.

책을 다 읽은 다음에도 시간이 허락하는 한 그 주제를 더 깊이 파고들어야 한다.

독립적인 사고력은 이런 과정에서 향상된다.

8

결론을 마음속으로 그려 보라

자신의 결론을 마음속으로 가능한 한 분명하게 그려 본다.

자신이 내린 결론을 머릿속에서 가능한 한 구체적인 형태로 그려 보고, 사실과 원리가 적용되는 모습을 상상하는 훈련을 한다.

공부를 하는 목적은 공부한 것을 활용하는 것임을 잊지 말고, 자신이 습득한 것을 어떻게 이용할 수 있을지 방법을 찾아보도록 한다.

Ⅴ.

올바른 공부 습관과 방법

지금까지 살펴본 올바른 공부의 네 가지 요소는 다음과 같다.

　1. 올바른 마음가짐
　2. 읽은 것을 이해하기
　3. 체계성
　4. 자주성

　이 네 가지에 더하여 다섯 번째로 올바른 공부 습관과 방법을 들 수 있다.
　이번 마지막 장에 소개할 여러 가지 내용은 얼핏 사소해 보일지 몰라도 대단히 중요한 제안들이다.

가장 알맞은 책을 선택하라

자신의 목적에 가장 알맞은 책을 골라 철저하게 공부한다. 어떤 책이 목적에 가장 잘 맞는지는 상황에 따라 다르다.

어떤 주제에 관해 이제 막 공부하기 시작했다면 모든 내용이 담긴 어려운 책이 아니라 초보적인 내용을 다룬 책을 골라야 한다. '피상적인 지식'은 늘 '기초적인 지식'일 수 있으나, '기초적인 지식'이 곧 '피상적인 지식'은 아니라는 사실을 기억하자.

어떤 주제건 그것을 이해하려면 먼저 근본적이고 기초적인 원리를 알아야 한다. 처음에는 그런 지식을 초급 개론서에서 얻을 수 있다. 그러한 개론서를 통해 사고의 뼈대 또는 틀을 형성하고, 그 위에 세부 내용을 알맞은 위치에 더해 나가는 것이다.

모든 내용을 한꺼번에 다루는 두껍고 어려운 책은 세부 사항까지 너무 자세하게 다루기 때문에 초보자에게는 적합하지 않다. 기본 원리도 이해하기 전에 한꺼번에 너무 많은 내용에 주의를 집중해야 하는 책을 읽다 보면 의욕이 꺾여 버린다.

기초 지식을 완전히 소화하는 것이 꼭 필요하다. 따라서 초보자로 하여금 생각하고, 이것저것 따져 보고, 이해하고, 평가하고, 안목을 갖게 하는 가장 훌륭한 초급 개론서를 골라 시작하고, 그 책에서 핵심을 배워야 한다. 그리고 가능하다면 그 주제를 좀 더 정교하게 다루는 어려운 책으로 관심을 넓혀 간다.

2

한꺼번에
너무 많은 주제를 공부하지 마라

한꺼번에 너무 많은 주제를 공부하려고 해서는 안 된다.

그렇다고 한 가지 주제를 완전히 이해하고 숙달하기 전까지 다른 것을 다 배제하고 한 번에 단 한 가지에만 집중해야 한다는 뜻은 아니다. 공부하는 동안에는 지금 공부하는 주제에 온 힘을 다해 집중해야 하지만, 한 과목을 공부하다가 지칠 때 다른 과목을 공부하는 것도 현명한 일이다.

여기서 내가 말하고자 하는 것은 한꺼번에 너무 많은 주제를 공부하기로 마음먹고 성급하게 뛰어들었다가 쉽게 포기하고 또 다른 것으로 넘어가는 식으로 힘을 낭비하지 말라는 것이다.

한꺼번에 여러 가지를 시작하고 아무것도 끝내지 못하는 습관은 크게 사기를 꺾고 아무런 결과도 낳지 못하는 최악의 습관이다. 자기가 잘할 수 있는 정도의 일보다 많은 일을 한꺼번에 시도해서는 안 된다. 당장 피부에 와 닿는 유용한 주제를 가장 먼저 선택하고 그것을 철저하게 공부하라.

한 가지 주제를 한 번에 몇 시간씩 힘껏 공부해서 집중력을 키워라. 그러다가 지치면 완전히 다른 주제로 전환하거나 휴식을 취해라. 휴식을 할 때 소설을 읽는 것도 좋은 방법이다. 사고를 게을리할 이유는 없지만, 집중 대상을 전환할 필요는 있다. 대체로 학생들은 3~5개 정도 과목을 수강할 때 가장 효율적으로 공부할 수 있는데, 단, 이 부분은 개인차가 뚜렷하고 편차도 매우 크다.

3

서두르지 마라

조급하게 서두르는 것도 나쁜 공부 습관이다.

책에 쓰인 이야기를 당연한 것으로 받아들이지 않도록 충분히 생각할 시간을 갖고, 그것을 철저히 이해하고 숙달하겠다는 마음가짐으로 공부해야 한다.

급할수록 돌아가라고 했다. 조급하게 굴수록 속도는 오히려 더 느려진다.

흔히 자기가 공부한 내용에 대해 생각할 시간이 없다고 믿기 쉽다. 그러나 사실은 공부한 내용에 대해 생각하지 않아도 되는 시간이란 없다. 그런 마음가짐으로 끈기 있게 공부하다 보면 짧은 시간에 더 많은 것을 해낼 수 있는 능력을 갖추게 된다.

4

진지하게 공부하라

공부할 때는 항상 진지해야 한다.

가벼운 마음으로 공부를 시작해서는 안 된다. 합당한 이유 없이 그만두어서도 안 된다.

처음 공부를 시작할 때 그것을 공부함으로써 무엇을 얻고자 하는지 확실하게 개념을 세우도록 노력하고, 공부를 계속하면서도 항상 그 점을 염두에 두어야 한다.

5

적절하게 건너뛰는 능력을 익혀라

상황에 따라서 어느 부분을 건너뛰어도 좋은지 판단하는 능력을 키워야 한다.

공부하면서 자신이 공부를 통해 무엇을 얻고자 하는지 분명하게 인식하고, 그것을 완벽하게 이해하고 숙달하겠다는 마음가짐으로 공부하면 이런 능력을 습득할 수 있다.

책에 인쇄된 모든 단어를 반드시 다 읽어야 하는 것은 아니다. 문단, 쪽, 때로는 장 전체를 건너뛰어야 할 때도 있다. 단, 이것이 부주의하게 겉핥기식으로 읽는 습관으로 이어지지 않도록 주의해야 한다.

6

체계적으로 공부하라

과목마다 시간을 정해 놓고 구체적인 계획에 따라 규칙적으로 공부해야 한다.

언제 공부를 시작할까 어림하면서 쓸데없이 시간을 보내는 일 없이 곧바로 공부하기 시작하는 습관을 들여야 한다. 공부는 그런 습관을 꾸준히, 끈기 있게 실천하는 형태여야 한다. 돌발적인 노력이 이어지는 형태여서는 곤란하다.

한 번에 한 가지씩만 공부하고 한 과목에서 다른 과목으로 옮겨 가며 체계적으로 공부하는 습관을 들이면, 언젠가는 휴식이나 오락 시간 없이 여러 과목을 끊지 않고 자연스럽게 이어서 공부하는 능력을 갖추게 된다.

휴식 없이 계속 공부하는 시간은 집중력을 끊을 정도로 너무 짧아서도 안 되고, 정신을 지치게 할 정도로 너무 길어서도 안 된다.

　잠시도 가만히 있지 못하고 돌발적으로 행동하는 학생들은 얼핏 한자리에서 계속 공부하는 것처럼 보일지 모르지만 결국 아무것도 이루지 못한다. 꾸준히 끈기 있게 매달리는 학생만이 많은 것을 이룰 수 있다.

7

집중력을 키워라

제법 긴 시간 동안 한 가지에 완전히 집중하는 훈련을 꾸준히 해야 한다. 그런 능력을 갖출 수만 있다면 그보다 가치 있는 일은 없다.

평범한 사람과 똑똑한 사람의 차이는 원하는 것을 향해 집중력을 발휘하는 능력에 있다고들 말한다. 사람들은 흔히 무언가에 집중하려다가도 쉽게 멍해지거나 백일몽에 빠져들어 버린다. 그들의 마음은 이곳에서 저곳으로 종잡을 수 없이 흘러 다닌다. 그러나 염두에 둔 대상을 향해 집중력을 잃지 않고 똑바로 나아가는 사람도 있다. 꾸준한 훈련을 통해 그런 능력을 갖추어야 한다.

8

응용하라

공부한 것은 잊지 말고 반드시 응용해 본다. 책에만 의존하지 말고 직접 관찰하고 실험하고 실제 현장에서 경험하며 공부하도록 한다.

그렇게 하면 배운 것이 정말로 자기 것이 된다. 책으로만 배운 지식은 그 자체만으로는 별 가치가 없다.

흥미를 유지하라

지금 자신이 공부하고 있는 내용에 대한 흥미를 끝까지 유지하라.

제대로 된 공부에 무관심보다 치명적인 적도 없다.

어떤 과목이건 어려운 부분이 있다. 그러니 난관에 부딪혔다고 낙담해서는 안 된다.

일단 난관을 극복하는 법만 배우면, 그것이 세상 그 무엇과도 비교할 수 없는 지적인 즐거움을 가져다준다는 사실을 깨닫게 될 것이다.

아무 도움도 받지 않고 스스로 난관을 극복할 때마다 다음 공격에 대처하는 힘은 점점 강해진다.

반복해서 읽어라

"많이 읽되 여러 권을 읽지는 마라." • 라틴 속담

　중요한 부분은 스스로 철저하게 이해했다고 생각될 때까지 반복해서 읽는다.

　영국 사회학자 허버트 스펜서가 말했듯이, 책 몇 권을 철저하게 읽는 것이 여러 권을 수박 겉핥기식으로 읽는 것보다 훨씬 더 낫다. 스펜서는 만일 자신이 다른 사람들만큼 많은 책을 읽었다면 그들만큼이나 아는 게 적었을 것이라고도 말했다.

　작은 책 한 권을 철저하게 이해한 후에 큰 책 한 권을 공부해 보면, 자기가 이미 얼마나 많은 것을 알고 있는지 깨닫고 깜짝 놀랄 것이다. 그렇게 되면 새로운 자료로 관심을 돌

리고 그 새로운 자료를 예전에 읽은 것과 연관하여 사고할
수 있는 능력이 생긴다.

11

독서 카드를 만들어라

책을 읽을 때마다 독서 목록을 작성하고 배운 내용을 요약하여 독서 카드를 만든다.

목록과 카드를 이용하면 언제든 예전에 공부한 내용을 어디서 찾을 수 있을지 알 수 있다.

한 가지 주제에 관해서도 모든 걸 다 배우고 머릿속에 넣어 두기란 불가능하다. 그러므로 필요한 내용이 어디에 있는지 알거나, 스스로 알아낼 수 있는 능력을 갖추어야 한다.

12

틈틈이 복습하라

공부한 내용을 자주 복습하는 습관을 들인다.

복습이란 '다시 공부하는 것'이 아니라 핵심 사항을 올바른 관점에서 빠르게 훑어보는 것을 의미한다.

요약하는 습관을 들이면 복습이 더 쉽고 유익해진다. 정리해서 적어 두는 행위는 공부한 것을 확실하게 이해하고 기억하는 데 도움이 된다.

조지프 랜던은 이렇게 말했다.

"복습할 때는 주제의 큰 줄기를 잊지 않도록 하는 데 중점을 둔다. 복습은 지식을 신선하고 정확하게 유지하는 과정이라 할 수 있다. 복습은 불완전하게 배운 부분을 드러내어 보여 주고, 문제가 있을 때는 고칠 기회를 제공한다. 꾸준히 복습을 하면 기억력이 강화되고, 잊었던 기억을 되살

리는 데 익숙해진다. 또 쓸데없이 에너지를 낭비하는 나쁜 공부 습관이 생기는 일이 줄어든다. 복습하는 습관은 공부하는 내용을 완벽하게 흡수할 수 있게 하는 매우 중요한 요소이다."

13

휴식 시간을 가져라

기분 전환을 위해 특별히 시간을 정한다.

집중해서 책을 읽고 공부하다가 잠시 쉬면서 원기를 회복할 수 있는 취미를 찾아라. 음악, 카드 게임, 체스, 당구 등 다양한 활동을 통해 재충전하도록 한다.

오락이나 가벼운 읽을거리를 즐길 때는 앞서 하던 공부의 문제를 신경 쓰지 말아야 한다. 취미 자체에 어떤 목적을 두게 하는 편이 좋다. 지나치게 한쪽으로 치우친 사람이 되지 않도록 전공 공부 이외의 것에도 관심을 가진다.

신체를 단련하라

공부에만 에너지를 쏟고 신체 단련의 중요성을 무시해서
는 안 된다. 건강을 지키는 것이 책에서 읽은 지식을 머릿속
에 쑤셔 넣는 것보다 훨씬 중요하다는 사실을 늘 기억하라.
공부 때문에 신선한 공기를 마시며 충분히 운동하지 못한다
는 건 말도 안 된다. 그렇다고 지쳐 버릴 정도로 운동해서도
안 될 일이다.

정신 능력을 극대화하려면 무엇보다도 먼저 몸이 건강해
야 한다. 그러나 이 말을 반대로 해석하면, 몸이 완전히 지
쳤을 때는 정신이 제 기능을 하지 못한다는 뜻이 된다. 어떤
조명, 공기, 태양 아래에서 공부가 가장 잘되는지 판단하고,
졸음이 오지 않는 선에서 가장 편한 의자를 골라야 한다. 몸
의 편안함도 공부에 아주 중요한 요소이다.

선생님들께

이 책에서 내가 내놓은 제안들은 학생뿐 아니라 선생에게
도 유용할 것이다. 학생을 가르칠 때 가장 중요한 목표로 염
두에 두어야 할 것이 학생 머릿속에 지식을 가득 채워 넣는
것이 아니라, 가능한 한 스스로 생각하고 공부할 수 있도록
훈련시키는 것이라고 믿는 선생이라면 더욱 그럴 것이다.

선생이라면 좋은 교재로 가르치고, 학생이 수업 내용을 철
저히 이해하고 숙달하도록 해야 하는 것은 당연하다. 수업은
평균 수준의 학생이 제대로 소화하지 못할 정도로 길어서는
안 된다.

수업이 끝나면 학생 한 명을 지목해 수업 내용에 관해 질
문하거나, 직접 풀어 보도록 칠판에 문제를 적어 준다. 질문
은 학생이 정말로 수업 내용을 이해했는지 확실하게 확인할
수 있는 내용이어야 한다.

학생의 대답이 교재에 나온 어휘를 사용한 완벽한 정답일

때도 있다. 그런 대답을 들으면 얄팍한 선생은 학생이 수업 내용을 다 이해했다고 여긴다. 그러나 선생이 섣불리 판단하지 않고, 학생의 대답과 상충하는 다른 방식이나 진술은 왜 대답이 될 수 없는지 묻는 등 더 깊이 파고들면, 학생이 정답과 상충하는 대답도 받아들일 준비가 되어 있음을 확인하게 되곤 한다. 이는 곧 학생이 수업 내용을 기계적으로 외웠을 뿐 실제로 이해한 것은 아니라는 뜻이다.

한 학생이 어떤 진술이 옳다고 올바르게 대답했다면, 선생은 왜 그 진술과 상충하는 진술은 참이 아닌지 그 학생에게 설명하도록 해야 한다. 이 책에 제시된 다양한 제안, 특히 두 번째 장과 세 번째 장에 제시된 내용을 실천하도록 지도하는 것이다.

또 첫 장에서 이야기했듯, 선생은 학생이 올바른 마음가짐을 가지고 공부하도록 노력을 아끼지 말아야 한다. 학생이 틀리거나 실수했을 때는 가차 없이 바로잡아 주고, 스스로 생각하기만 한다면 지금 공부하고 있는 내용을 확실히 이해할 수 있는 능력을 지니고 있음을 깨닫도록 도와주어야 한다.

선생은 어떤 학생에게 수업 내용을 이해할 능력이 없다면 다른 수업을 듣게 하거나 아예 학교를 그만두게 해야 한다. 능력에 맞지 않아 소화할 수도 없는 것을 가르치려고 노력하는 것은 학생을 돕는 것이 아니라 오히려 상처를 주는 행위이며, 그것은 종종 그 학생을 전혀 적응하지 못하는 곳으로 몰아넣는 결과를 낳는다.

모든 노력은 보상받을 수 있음을 학생들이 깨닫게 해 주어야 한다. 기계공 또는 점원으로 성공하는 것이 무능한 변호사, 의사 또는 공학자로서 실패하는 것보다 훨씬 낫다는 사실을 가르쳐 주어야 한다. 누구에게나 자신에게 잘 맞는 적성이 있으며, 그 일을 할 때 적절한 성공을 거둘 수 있다.

삶의 행복은 자신에게 맞는 일을 찾느냐 못 찾느냐에 크게 좌우된다. 우리 학교 현장에서는 자기에게 잘 맞지도 않는 환경에 학생을 억지로 끼워 맞추느라 너무나 많은 시간과 노력을 낭비하고 있다.

좌절 금지

마지막으로, 학생은 절대로 낙담해서는 안 된다는 사실을 다시 한 번 강조한다. 이것은 정말로 중요하다.

수많은 학생이 성실함에도 불구하고 몇 번 실패를 반복하고 나면 낙담하고 희망을 잃곤 한다. 그러면 수업을 들을 때마다 그저 시험에 통과하기만을 바라며 수업 내용을 기계적으로 외우는 습관이 생긴다. 그렇게 해서 간신히 시험에 통과하면 앞에서 말했던 또 다른 나쁜 습관이 생겨 버린다.

그런 마음가짐은 단호하게 거부해야 한다. 선생은 학생을 가장 엄격하게 바로잡아 줄 때도 학생이 자기 의지로 노력하고 올바른 방법으로 능력을 최대한 발휘하기만 하면 얼마나 많은 것을 이룰 수 있는지, 그 가능성을 깨닫도록 격려해 주어야 한다.

사회적인 성공은 두뇌보다 의지에 훨씬 더 크게 좌우된다. 그리고 정신적이건 도덕적이건 간에 모든 능력은 누구나 극한까지 계발하고 발전시킬 수 있다. 성공한 사람들의 전기를 읽는 것도 큰 도움이 된다. 성공이 얼마나 많은 실패 끝에 찾아오는 것인지 알 수 있을 것이다.

강하게 원하기만 한다면 자신이 원하는 것은 무엇이든 이룰 수 있다는 사실을 학생들에게 필요한 만큼, 충분히 자주 말해 주는 선생은 찾아보기 어렵다. 다시 말해, 선생은 학생들에게 의지가 충분하고 올바른 방향으로 노력하도록 스스로 훈련하기만 하면 무엇이든지 이룰 수 있다고 더 자주 말해 주어야 한다.

그러나 학생들을 가르치다 보면 흔히 잘못된 방식으로 공부하거나 자신에게 맞지 않는 일을 하려고 노력하는 학생도 자주 만나게 될 것이다. 그 점을 확실하고 설득력 있게 설명할 수만 있다면, 학생들이 먼저 그 이야기를 열심히 귀담아

듣고 공부법과 인생의 방향을 수정하여 자기가 가장 잘할 수 있는 일을 찾아 스스로 노력할 것이다.

적재적소에 적합한 사람을 두는 것이야말로 교육의 핵심 목표이다. 자기가 잘못된 길을 가고 있다는 사실을 알고 다른 길을 선택하는 편이 더 낫다는 사실을 깨닫는 것과 그 일로 좌절하는 것은 하늘과 땅 차이이다. 세상에 기회는 셀 수 없이 많으며, 누구나 사회의 일원으로서 성공하고 존경할 만한 사람이 될 수 있다.

나름대로 노력한다고 하는데, 계속 그다지 성공적인 결과를 거두지 못하는 학생이라면 스스로를 주의 깊게 살펴보고 반성하여 원인을 찾으려 노력해야 한다. 그러나 자기가 잘못된 방식으로 공부하고 있거나 자신에게 맞지 않는 길을 가고 있다고 너무 성급하게 결론지어서는 안 된다. 그럴 때는 친구들, 선생들과 솔직하고 진지하게 상담해 볼 필요가 있다. 그리고 어떤 경우에도 좌절하거나 낙담해서는 안 되며, 어떤 방향으로든 결국은 성공을 거둘 능력을 자신이 이미 지니고 있다는 사실을 믿고 자신감을 가져야 한다.

자립적 인간으로 성공하는 삶

미국의 오바마 대통령이 한국의 교육을 극찬하면서 미국이 본받아야 한다고 말해서 화제가 된 적이 있다. 세계 대학 순위에서 상위권을 휩쓸다시피 하는 미국, 막강한 자본력을 바탕으로 전 세계 학문의 중심지로서의 위치를 점점 확고히 다져 가고 있는 미국 대통령의 비아냥일까? 미국으로 유학가는 한국 학생은 많아도 한국으로 유학 오는 미국 학생은 거의 찾아보기 어려운 현실을 생각할 때 이게 무슨 소리인가 싶기도 하다.

그러나 조금만 자세히 들여다보면, 오바마 대통령의 말은 우리 언론의 호들갑과 달리 우리나라 교육의 질을 높이 평가한 것이라고 보기 어렵다. 한국의 엄청난 교육열과 대학 진학률을 높이 평가했다고 볼 수도 없다. 한국교육개발원이 2005년 경제협력개발기구OECD 사무국의 성인인구 문서해독 능력 측정도구를 이용해 한국 국민의 문서해독 능력을 측정한 결과 OECD 국가 중 최하위권으로 나타났다. "의약품 설명서 등 중요한 생활정보가 담긴 문서 해독에 취약한 사람"이 전체의 38퍼센트를 차지(OECD 평균은 22퍼센트)했다. "일상적인 문서는 겨우 해석할 수 있지만 새로운 직업이나 기술에 필요한 정보를 얻기는 어려운 사람"도 37.8퍼센트에 달했다. 무엇보다도, "첨단정보와 새로운 기술, 직업에 자유자재로 적응할 수 있는 고도의 문서해독 능력을 가진 사람"은 불과 2.4퍼센트에 불과한 것으로 드러났다. 노르웨이(29.4퍼센트), 덴마크(25.4퍼센트) 등은 물론 미국(19퍼센트)과도 비교조차 할 수 없는 수준인 것이다.

오바마 대통령이 한국 교육의 이러한 질적인 측면을 높이 평가했다고 보기는 어렵다. 오바마가 전개한 논지의 핵심은 "미국 아동이 연간 학교에서 보내는 시간이 한국 아동보다

1개월이나 적다."라는 것이었다. 미국의 교육 시간을 확대하자는 것이다. 그러나 그렇게 확대한 교육 시간은 우리나라 교육 시스템과 전혀 다른 모습을 지향한다. 규격화된 시험을 없애고 수업 방식도 맞춤형으로 개별화하는 방향으로 개혁하자는 것이다. 어느 모로 보나, 고급 인력을 제대로 길러 내지 못하는 한국의 교육 시스템과는 거리가 멀다.

그러나 고급 인력을 길러 내는 일만이 교육의 목적은 아니다. 저자 조지 스웨인은 교육의 목표는 학생을 "스스로 사고하는 존재로 기르는 것"이고, 그 목적은 학생들이 "진정한 의미에서 성공적인 삶을 누리도록 하는 것"이라고 말한다. 누구나 사회에서 가치 있는 존재가 될 수 있으며, 훌륭한 점원으로 사는 것이 실패한 물리학자나 변호사로 사는 것보다 훨씬 낫다고 말한다. 저자는 사회적인 성공이나 금전적인 성공을 성공의 척도로 삼지 않는다.

저자가 말하는 "진정한 의미에서의 성공적인 삶"이 무엇을 의미하든, 교육을 통해 "스스로 사고하는 존재가 되는 것"이 그런 삶을 위한 필요조건임을 부인할 수 있는 사람은 없을 것이다. 부와 명예만이 진정한 의미에서 성공적인 삶이라고 믿는 속물조차도 자신이 원하는 것을 손에 넣으려면 스스로 사고하는 존재, 다시 말해서 고도의 문서해독 능력을 갖춘 교육받은 사람이 되어야 한다.

그러나 한국의 대학 진학률을 보면 고도의 문서해독 능력이 학력과 전혀 일치하지 않는다는 사실을 알 수 있다. 고교 내신과 수학능력 시험과 논술 시험 등 온갖 자격시험을 헤치고 대학에 입학하고, 또다시 전공과목과 외국어 능력을 평가하는 자격시험에 시달리다가 졸업하고도 자기 힘으로 새로운 지식을 습득할 능력을 갖춘 사람이 2.4퍼센트에도 미치지 못하는 현실을 보면 말이다.

도대체 우리나라 교육의 문제는 무엇일까?

미국 명문 대학생의 수준에도 만족하지 못하는 저자가 말하는 공부의 원리를 일별하는 것만으로도 무엇이 근본적으로 잘못되었는지 분명히 느낄 수 있다.

이 책은 공부법에 대해 자세히 말해 주지 않는다. 근본 원리만을 다소 추상적으로 전해 준다. 일례로 논리학 공부의 필요성을 설명하고 강조하면서 논리학에 대해서는 거의 설명하지 않는다.

그러나 바로 이 점이 이 책의 핵심이다.

한국 입시 제도의 변화와 그 파장을 생각해 보자. 제도가 어떻게 변하든 핵심은 학생의 능력을 평가하겠다는 것인데 그때마다 한바탕 난리가 난다. 지금까지 예전 제도에 맞추어 준비한 학생들이 받게 될 불이익에 항의하는 사람들, 발빠르게 새 제도에 대처하는 사설 학원들, 그에 얽힌 온갖 이해관계로 온 나라가 홍역을 치른다. 아니, 몇 번을 치러도 항체가 생기지 않는다는 점에서 홍역이라는 말도 적절하지 못하다.

어쨌거나, 출제 유형에 따라서 공부법이 달라져야 한다면 그 시험에 합격한 다음 새로운 유형의 시험에 적응하지 못하는 것은 당연한 일 아닐까? 한국 교육 시스템은 특정 시험에 특화된 기계, 시키는 대로 사고하고 행동하는 수동적인 시민을 양성하는 데 최적화된 체계라고 해도 과언이 아니다. 이 급변하는 세계, 정보의 홍수 속에서 스스로 배우고 익히지 못하는 사람이 스스로 의사 결정을 내릴 수 있을까? 스스로 공부하는 능력이 없는 최첨단 자본주의 사회의 시민이, 자립적 문제 해결 능력이 없는 시민이 진정으로 성공적인 삶(행복한 삶)을 살 수 있을까?

이 책은 바로 스스로 공부하는 능력과 자립적 문제 해결 능력을 갖추는 방법, 즉 공부의 원리 자체를 알려 주는 책이다. 어쩌면 '스스로 공부하는 능력'과 '자립적 문제 해결 능력'은 엄밀하게 구별하기 어려운 개념인지도 모른다.

그렇다고 추상적인 이야기만 하는 것은 아니다. 여러 가지 공부법을 상당히 구체적으로 제시하기도 한다. 그러나 그 방법조차 더 중요한 원리이자 상위 개념인 올바른 마음가짐, 이해하며 공부하기, 체계성, 자주성의 중요성을 설명하는 수단에 불과하다. 그리고 "지나치게 자세하고 분명한 책은 교재로서 좋지 않다. 학생들이 스스로 노력하게 만들어야 좋은 교재"라고 말하며 그 공부법 자체를 어느 정도 독자 스스로 깨치고 익히기를 요구한다.

이 책은 독립적 인간으로서 진정으로 성공적인 삶을 살고자 하는 사람들을 위한 안내서이다. 이 책을 읽고 입시 제도에 관계없이 시험에서 좋은 결과를 얻는다면, 그것은 이 책에 딸린 덤 정도로 생각해도 무방할 것이다.

공부책 :
하버드 학생들도 몰랐던 천재 교수의 단순한 공부 원리

2014년 1월 24일 초판 1쇄 발행
2015년 8월 14일 초판 7쇄 발행

| **지은이** | **옮긴이** |
| 조지 스웨인 | 윤태준 |

| **펴낸이** | **펴낸곳** | **등록** |
| 조성웅 | 도서출판 유유 | 제406-2010-000032호(2010년 4월 2일) |

주소
경기도 파주시 책향기로 337, 308-403 (우편번호 413-782)

| **전화** | **팩스** | **홈페이지** | **전자우편** |
| 070-8701-4800 | 0303-3444-4645 | uupress.co.kr | uupress@gmail.com |

| **페이스북** | **트위터** |
| www.facebook.com/uupress | www.twitter.com/uu_press |

| **편집** | **디자인** |
| 이경민 | 이기준 |

| **제작** | **인쇄** | **제책** |
| 제이오 | (주)재원프린팅 | (주)정문바인텍 |

ISBN 979-11-85152-06-6 03370

이 도서의 국립중앙도서관 출판시도서목록(CIP)은 e-CIP 홈페이지
(www.nl.go.kr/ecip)와 국가자료공동목록시스템(www.nl.go.kr/kolisnet)에서
이용하실 수 있습니다.(CIP제어번호: CIP2014001280)

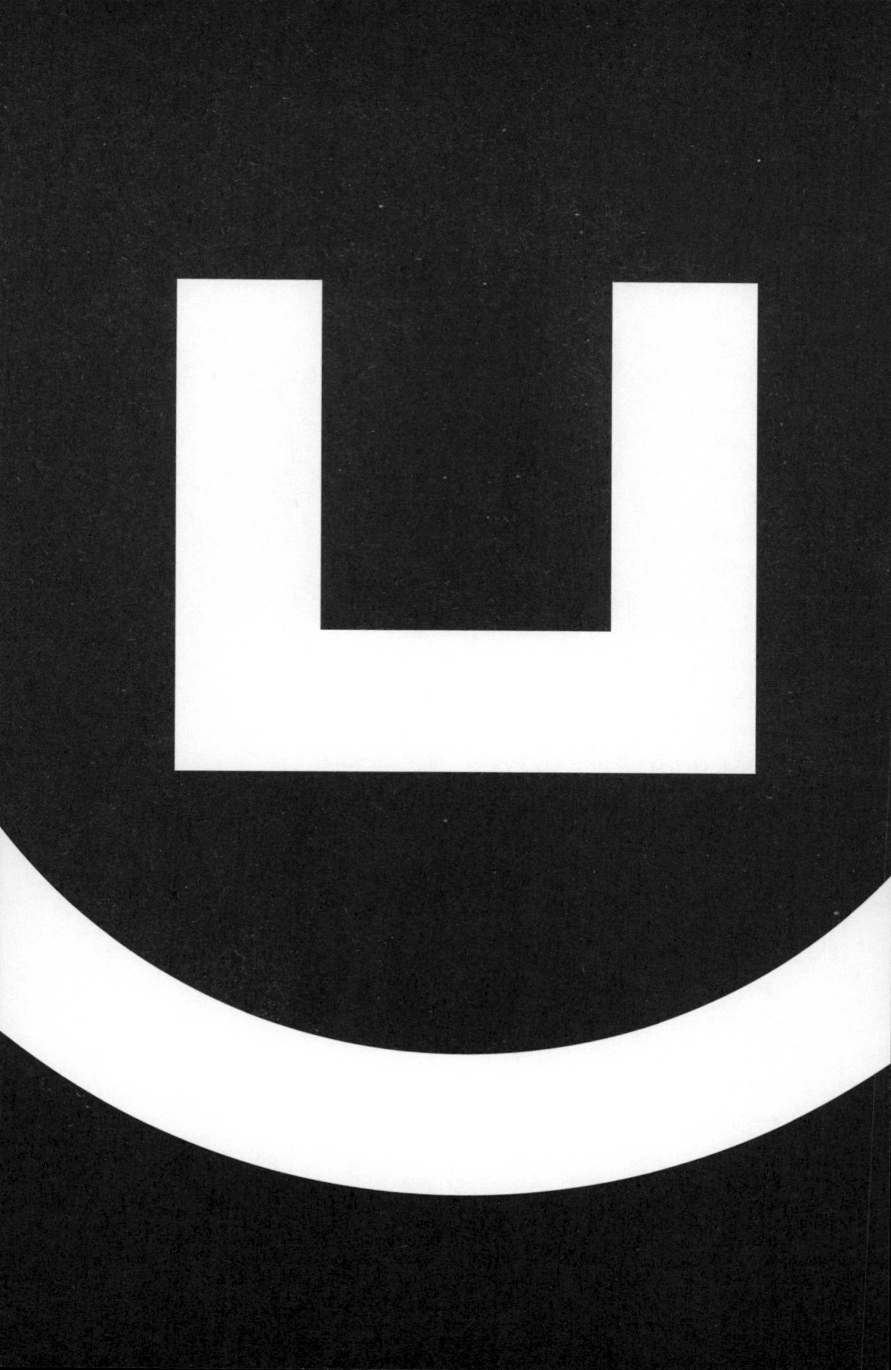

유유 출간 목록

공부의 기초

공부하는 삶
배우고 익히는 사람에게 필요한 모든 지식
앙토냉 질베르 세르티양주 지음, 이재만 옮김

공부 의욕을 북돋는 잠언서. 프랑스는
물론이고 영미권에서는 지금까지도
이 책을 공부의 길잡이로 삼아 귀중한
영감과 통찰력, 용기를 얻었다고
고백하는 독자가 적지 않다.
지성인의 정신 자세와 조건, 방법에
대해 알뜰하게 정리한 프랑스의
수도사 세르티양주는 공부가 삶의
중심이며 지성인은 공부를 위해
삶 자체를 규율해야 한다고 말한다.

공부책
하버드 학생들도 몰랐던 천재 교수의
단순한 공부 원리
조지 스웨인 지음, 윤태준 옮김

공부를 지식의 암기가 아닌 지식의
활용이라는 관점에서 보고 그런
공부를 하도록 안내하는 책. 학생의
자주성만큼이나 선생의 역할이
중요함을 강조한 저자는 이 책에서
기본적으로 선생과 학생이 있는
교육을 중심에 두고 공부법을
설명한다. 단순하고 표준적인 방법을
확고하고 분명한 어조로 말한 책으로,
그저 지식만 습득하는 공부가 아닌
삶의 기초와 기조를 든든하게 챙길
공부를 원하는 사람이라면 일독해야
할 책이다.

평생공부 가이드
브리태니커 편집장이 완성한 교양인의
평생학습 지도
모티머 애들러 지음, 이재만 옮김

인간의 학식 전반을 개관하는
종합적 교양인이 되기를 원하며
거기에서 지혜를 얻으려는 사람을
위한 안내서. 미국의 저명한
철학자이자 전설적인 브리태니커
편집장이었던 저자는 평생공부의
개념마저 한 단계 뛰어넘어,
인간으로서 이룰 수 있는 수준 높은
교양의 경지인 르네상스인이
되고자 하는 이들을 위해 인류가
이제까지 쌓아 온 지식을 제대로
파악할 수 있는 지도를 완성했다.
이제 이 지도를 가지고 진정한 인문학
공부 여행을 떠나도록 하자.

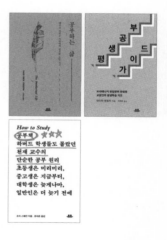

단단한 시리즈

단단한 공부
내 삶의 기초를 다지는 인문학 공부법
윌리엄 암스트롱 지음, 윤지산 윤태준 옮김

듣는 법, 도구를 사용하는 법, 어휘를 늘리는 법, 생각을 정리하는 법 등 효율적인 공부법을 실속 있게 정리한 작지만 단단한 책. 원서의 제목 'Study is Hard Work'에서도 짐작되듯 편하게 익히는 공부법이 아니라 고되게 노력하여 배우는 알짜배기 공부법이므로, 이 책을 따라 익히면 공부의 기본기를 제대로 닦을 수 있다.

단단한 독서
내 삶의 기초를 다지는 근본적 읽기의 기술
에밀 파게 지음, 최성웅 옮김

KBS 'TV, 책을 보다' 방영 도서. 프랑스인이 100년간 읽어 온 독서법의 고전. 젊은 번역가가 새롭게 번역한 이 책을 통해 이제 한국 독자도 온전한 번역본으로 파게의 글을 읽을 수 있다. 프랑스는 물론이고 유럽 각국의 교양인이 지금까지도 에밀 파게의 책을 읽는 이유는 이 책에 아무리 오랜 세월이 흘러도 변치 않는 근본적인 독서의 기술이 알뜰살뜰 담겨 있기 때문이다. 파게가 말하는 독서법의 요체는 '느리게 읽기'와 '거듭 읽기'다. 파게에게 느리게 읽기는 제일의 독서 원리이며, 모든 독서에 보편적으로 적용된다.

단단한 과학 공부
내 삶의 기초를 다지는 자연과학 교양
류중랑 지음, 김택규 옮김

박학다식한 노학자가 과학의 다양한 분야를 이해하기 쉽게 설명한 안내서. 작게는 우리 몸 세포의 움직임이 우리의 마음에 어떻게 반응하는지부터 크게는 저 우주의 은하와 별의 거리까지, 우리를 둘러싼 세상을 과학의 눈으로 바라보게 한다. 곳곳에 스며든 인간적 시선과 통찰, 유머가 읽는 즐거움을 더한다.

단단한 사회 공부
내 삶의 기초를 다지는 사회과학 교양
류중랑 지음, 문현선 옮김

우리가 상식으로 알고 있는 사회 현상을 근본부터 다시 짚어 보게 하는 책. 일상생활에서 자주 접하는 일화들을 알기 쉽게 설명해 과거와 현재 그리고 미래에 일어났고 일어나고 있고 일어날 일을 스스로 생각하고 판단하게 한다. 역사의 흐름을 한 축으로, 이성을 기반으로 하는 과학 정신을 다른 한 축으로 하는 이 책은 사회를 보는 안목을 높인다.

우리말 공부 시리즈

번역자를 위한 우리말 공부
한국어를 잘 이해하고 제대로 표현하는 법
이강룡 지음

외국어 실력을 키우는 번역 교재가
아니라 좋은 글을 판별하고 훌륭한
한국어 표현을 구사하는 태도를 길러
주는 문장 교재. 기술 문서만 다루다
보니 한국어 어휘 선택이나 문장 감각이
무뎌진 것 같다고 느끼는 현직 번역자,
외국어 구사 능력에 비해 한국어
표현력이 부족하다 여기는 통역사,
이제 막 번역이라는 세계에 발을 디딘
초보 번역자 그리고 수많은 번역서를
검토하고 원고의 질을 판단해야 하는
외서 편집자가 이 책의 독자다.

동사의 맛
교정의 숙수가 알뜰살뜰 차려 낸 우리말
움직씨 밥상
김정선 지음

20년 넘도록 문장을 만져 온 전문
교정자의 우리말 동사 설명서. 헷갈리는
동사를 짝지어 고운 말과 깊은 사고로
풀어내고 거기에 다시 이야기를 더해
재미있게 읽을 수 있도록 했다. 일반
독자라면 책 속 이야기를 통해 즐겁게
동사를 익힐 수 있을 것이고, 우리말을
다루는 사람이라면 사전처럼 요긴하게
쓸 수 있을 것이다.

공부하는 사람 시리즈

공부하는 엄마들
인문학 초보 주부들을 위한 공부 길잡이
김혜은, 홍미영, 강은미 지음

공부하고 싶지만 어떻게 하면 좋을지
알지 못하는 엄마들 그리고 모든 이를
위한 책. 인문 공동체에 용감하게
뛰어들어 처음부터 하나하나 시작한
세 주부의 글로 꾸며졌다. 자신의
이야기부터 비슷한 경험을 하고
있는 다른 주부와 나눈 대화, 여기에
도움이 될 만한 도서 목록, 공부하는
사람과 함께할 수 있는 인문학
공동체의 목록까지 책 미미에 더해
알차게 담아냈다.

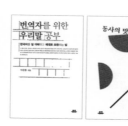

고전

사기를 읽다
　　중국과 사마천을 공부하는 법

김영수 지음

28년째『사기』와 그 저자 사마천을
연구해 온『사기』전문가의『사기』
입문서. 강의를 모은 책이라 쉽고
재미있게 읽을 수 있다. 지금까지
중국을 130여 차례 답사하며 역사의
현장을 일일이 확인하고, 그 경험을
바탕으로 연구한 전문가의 강의답게
현장감 넘치는 일화와 생생한 지식이
가득하다.『사기』에 관심이 있는
독자라면 남녀노소 누구나 어렵지
않게 읽을 수 있는 교양서.

논어를 읽다
　　공자와 그의 말을 공부하는 법

양자오 지음, 김택규 옮김

『논어』를 역사의 맥락에 놓고 텍스트
자체에 집중해, 최고의 스승 공자와
그의 언행을 새롭게 조명한 책.
타이완의 인문학자 양자오는『논어』
읽기를 통해『논어』라는 텍스트의
의미, 공자라는 위대한 인물이
춘추 시대에 구현한 역사 의미와
모순을 살펴보고, 공자라는 인물을
간결하고도 분명한 어조로 조형해
낸다. 주나라의 봉건제로 돌아가기를
꿈꾸면서도 신분제에 어긋나는
가르침을 펼친 인물, 자식보다
제자들을 더 아껴 예를 어겨 가며
사랑을 베풀었던 인물, 무엇보다
사람이 사람다워야 함을 역설했던
큰 인물의 형상이 오롯하게 드러난다.

동양고전강의 시리즈

삼국지를 읽다
　　중국 사학계의 거목 여사면의 문학고전
　　고쳐 읽기

여사면 지음, 정병윤 옮김

중국 근대사학계의 거목이 대중을
위해 쓴 역사교양서. 이 책은 조조에
대한 새로운 관점을 처음 드러낸
다시 읽기의 고전으로, 자기 자신의
눈으로 문학과 역사를 보아야
한다고 역설하는 노학자의 진중함이
글 곳곳에 깊이 새겨져 있다.

서양고전강의 시리즈

종의 기원을 읽다
고전을 원전으로 읽기 위한 첫걸음
양자오 지음, 류방승 옮김

고전 원전 독해를 위한 기초체력을
키워 주는 서양고전강의 시리즈
첫 책. 인간과 자연의 관계를
변화시킨 『종의 기원』에 대한 새로운
해설서다. 저자는 섣불리 책을
정의하거나 설명하지 않고 책의
역사적, 지성사적 맥락을 흥미롭게
들려줌으로써 독자들을 고전으로
이끄는 연결고리가 된다.

꿈의 해석을 읽다
프로이트를 읽기 위한 첫걸음
양자오 지음, 문현선 옮김

인간과 인간 자아의 관계를 바꾼
『꿈의 해석』에 관한 교양서. 19세기
말 유럽의 독특한 분위기, 억압과
퇴폐가 어우러지며 낭만주의가
극에 달했던 그 시기를 프로이트를
설명하는 배경으로 삼는다. 또한
프로이트가 주장한 욕망과 광기
등이 이후 전 세계 문화와 예술에
미친 영향을 들여다보며 현재의
우리에게는 어떤 의미인지 점검한다.

자본론을 읽다
마르크스와 자본을 공부하는 이유
양자오 지음, 김태성 옮김

마르크스 경제학과 철학의 탄생,
진행 과정과 결과에 이르기까지
역사의 맥락과 기초 개념을 짚어
가며 『자본론』의 핵심 내용을
간결하고 정확한 시각으로 해설한 책.
타이완에서 자란 교양인이 동서양의
시대 상황과 지적 배경을 살펴 가면서
썼기에 비슷한 역사 경험을 가진
한국인의 피부에 와 닿는 내용이
가득하다.

중국

야만의 시대, 지식인의 길
중국사 지성의 상징 죽림칠현, 절대 난세에 답하다

류창 지음, 이영구 외 옮김

중국 중앙방송 '백가강단'에서 절찬리
방영된 역사 교양강의.
동아시아 지식인의 원형, 죽림칠현의
파란만장한 인생을 유려하게 풀어낸 수작.
문화와 예술 방면에서는 화려하고도
풍부한 열정이 가득했으나
정치적으로는 권력으로 인한 폭력과
압박으로 처참했던 위진 시기.
입신하여 이름을 떨치느냐 은둔하여
자유를 추구하느냐의 갈림길에서
유교와 도교를 아우른 지식인의 고뇌가
깊어진다. 뛰어난 재능과 개성으로
주목받았던 일곱 지식인.
그들의 고민과 선택, 그로 인한
다채로운 삶은 독자에게 현재의 자리를
돌아보고 앞으로 나아갈 길을 다시
생각하게 한다.

중국, 묻고 답하다
미국이 바라본 라이벌 중국의 핵심 이슈 108

제프리 와서스트롬 지음, 박민호 옮김

108개의 문답 형식으로 중국의
교양을 간결하게 정리한 이 책은
중국을 왜 그리고 어떻게 이해해야
하는지 알고자 하는 독자에게
유익하다. 술술 읽히는 이야기를
따라가다 보면 과거의 중국에 대한
정보부터 오늘날 중국에서 가장
중요한 인물과 사건까지 한눈에
파악된다. 교양인이 반드시 알아야
할 내용으로 가득한 미국 중국학
전문가의 명저.

명문가의 격
고귀하고 명예로운 삶을 추구한 중국 11대 가문의 DNA

홍순도 지음

중국을 이끈 명문가 열한 가문을
엄선해 그들이 명문가로 자리
잡을 수 있었던 근원과 조상의 정신을
이어받은 후손의 노력을 파헤친
중국전문가의 역작. 3년간의 자료
조사와 현지 취재로 생생한 역사와
현장감이 느껴진다. 동아시아의
큰 스승 공자 가문부터 현대 중국을
있게 한 모택동 가문에 이르기까지,
역사 곳곳에 살아 숨 쉬는 가문의
일화와 그 후손이 보여 주는 저력은
가치 있는 삶과 품격이 무엇인지
생각하게 한다.

교양

열린 인문학 강의

전 세계 교양인이 100년간 읽어 온 하버드 고전 수업

윌리엄 앨런 닐슨 엮음, 김영범 옮김

'하버드 고전'은 유사 이래로
19세기까지의 인류의 지적 유산을
담은 위대한 고전을 정선한
시리즈로서 인류의 위대한 관찰과
기록, 사상을 담고 있다. 이 책은
하버드 고전을 읽기 위한 안내서로
기획되었으며 하버드를 대표하는
교수진이 인문학 고전과 대표 인물을
망라하여 풍부한 내용을 정제된
언어로 소개한다.

부모인문학

교양 있는 아이로 키우는 2,500년 전통의 고전공부법

리 보틴스 지음, 김영선 옮김

문법, 논리학, 수사학을 가르치는
서양의 전통 교육은 아이에게
인문학적 소양을 갖추게 하는 좋은
공부법이다. 모든 교육의 목적은 결국
새로운 정보를 저장하고(문법), 처리
검색하며(논리학), 표현하는(수사학)
능력을 키우는 것인데, 이 책에는
아이가 성인이 되어 자립적으로
살아갈 수 있는 키워 주는
고전공부법이 담겼다. 저자는
이 고전공부법을 소개하고 이를 현대
상황에 맞게 적용하는 법을 솜씨 있게
정리했다.

인문세계지도
지금의 세계를 움직이는 핵심 트렌드 45
댄 스미스 지음, 이재만 옮김

지구의 인류가 살아가는 데 가장 큰
영향을 미치는 핵심 이슈와 트렌드를
전 세계적 범위에서 체계적이고
시각적으로 정리한 책. 전 세계의
최신 정보와 도표를 첨단 그래픽으로
표현하였고, 부와 불평등, 전쟁과
평화, 민주주의와 인권, 인류의
건강, 지구의 환경이라는 다섯
가지 주요 쟁점을 인류 전체의
진보라는 관점에서 다룬다. 다양한
이미지에 짧고 핵심적인 텍스트가
곁들여지므로 전 세계를 시야에 품고
공부하고자 하는 이들이 곁에 두고
참고하기에 좋다.

동양의 생각지도
어느 서양 인문학자가 읽은 동양 사유의
고갱이
릴리 애덤스 벡 지음, 윤태준 옮김

동서양 문화의 교류, 융합의 추구가
인류를 아름다운 미래로 이끄는
중요한 토대가 된다는 믿음을
바탕으로, 저자가 동양 여러 나라의
정신을 이루는 철학과 사상을 오랜
시간 탐사하고 답사한 결과물.
기본적으로 동양에 대해 철저히
무지한, 또는 그릇된 선입견을
가진 서양의 일반 독자를 위한
안내서이지만 서양이라는 타자를
통해 우리 자신이 속한 동양을 새로운
시각으로 되돌아보는 좋은 기회를
얻을 수 있다.

엔지니어의 인문학 수업

르네상스인을 꿈꾸는 공학도를 위한 필수교양

새뮤얼 플러먼 지음, 김명남 옮김

엔지니어의 눈으로 보고 정리한, 엔지니어를 위한 인문 교양 안내서. 물론 보통의 독자에게도 매력적이다. 엔지니어의 눈으로 본 인문학의 각 분야는 참신하고 유쾌하다. 엔지니어 특유의 군더더기 없는 문장으로 아직 인문학 전반에 낯선 독자에게나 인문학에 거리감을 느끼는 엔지니어에게 추천할 수 있는 좋은 책이다.

같이의 가치를 짓다

청년 스타트업 우주 WOOZOO의 한국형 셰어하우스 창업 이야기

셰어하우스 우주 WOOZOO

김정현, 계현철, 이정호, 조성신, 박형수 지음

'셰어하우스'라는 대안 주거를 구현한 젊은 기업 우주woozoo의 창업부터 지금까지의 이야기를 담은 책. 현실의 주거 문제, 하고 싶은 일을 실천하려는 힘과 도전 정신, 가족이라는 문제, 공유 의식, 청년 문제 등 여러 가지 관점에서 다양하게 생각할 거리를 던져 준다. 무엇보다 그 모든 것을 아우르는 젊고 유쾌한 에너지가 책 전체에 넘쳐 독자를 즐겁게 한다.

공부해서 남 주다

대중과 교양을 나누어 성공한 지식인들의 남다른 삶

대니얼 플린 지음, 윤태준 옮김

지식이 권력인 사회에서, 대중과 지식을 나누어 성공한 지식인들의 남다른 삶을 다룬 책. 이들은 일반적인 교육의 혜택을 받지 못하고 스스로 노력해 얻은 지식을 대중과 함께하고자 했고, 그 노력은 수많은 이를 역사, 철학, 문학, 경제학의 세계로 이끌었다. 지식의 보급과 독점이 사회에서 각각 어떤 영향을 끼치는지, 어떤 미래를 만드는지 생각하도록 한다.

1일1구
내 삶에 힘이 되는 고전명언 365
김영수 지음

하루에 한 구절씩 맛보는 고전의
풍미. 마르지 않는 지혜의 샘.
고전에는 과거와 현재와 미래를
관통하는 선현의 지혜가 담겼다.
그러나 이 오래된 지혜를 요즘의
독자가 문화와 역사를 단숨에
뛰어넘어 이해하기는 쉽지 않다.
중국 고전 학자이자 『사기』 전문가인
저자가 중국의 300여 고전 중에서
명구를 엄선하여 독자가 부담 없이
읽어 볼 수 있도록 소개했다. 원문을
함께 실려 있어 고전의 또 다른
맛과 멋을 느낄 수 있다.

하루 한자 공부
내 삶에 지혜와 통찰을 주는
교양한자 365
이인호 지음

하루에 한 자씩 한자를 공부할 수
있는 책. 한자의 뿌리를 해설한
여러 고전 문헌과 여러 중국학자의
연구 성과를 두루 훑어 하루에
한자 한 자씩을 한자의 근본부터
배울 수 있도록 한다. 무조건
암기하기보다는 한자의 기초부터
공부하도록 해 한자에 대한
기초체력을 키우는 데 중점을 둔
책으로, 하루 한 글자씩 익히다 보면
어느새 한자에 대한 자신감이 붙을
것이다.

책의 책

고양이의 서재
어느 중국 책벌레의 읽는 삶, 쓰는 삶, 만드는 삶
장샤오위안 지음, 이경민 옮김

중국 고전과 인문서를 꾸준히 읽어
착실한 인문 소양을 갖춘 중국의
과학사학자이자 천문학자의 독서
편력기. 학문, 독서, 번역, 편집, 서재,
서평 등을 아우르는 책 생태계에서
살아온 그의 삶에는 책을 좋아하는
사람의 모든 것이 담겨 있다. 과학과
인문학을 오가는 그의 문제의식과
중국 현대사 속에서 살아가는 개인의
관점 역시 놓칠 수 없는 대목이다.

사람

내가 사랑한 여자
공선옥 김미월 지음

소설가 공선옥과 김미월이 그들이
사랑하고, 사랑하기에 모든 이들과
함께 이야기를 나누고 싶은 여자들에
대해 쓴 산문 모음. 시대를 앞서
나갔던 김추자나 허난설헌 같은
이부터 자신의 시대에서 눈을 돌리지
않았던 케테 콜비츠나 한나 아렌트에
이르기까지, 세상 그 누구보다
인간답게 여자답게 살아갔던 이들을
사랑하는 마음을 담아 찬사했다.
더불어 여자가, 삶이, 시대가
무엇인지 돌아보게 하는 아름다운
책이다.

위로하는 정신
체념과 물러섬의 대가 몽테뉴
슈테판 츠바이크 지음, 안인희 옮김

세계적 전기 작가 슈테판 츠바이크가
쓴 몽테뉴 평전. 츠바이크의 마지막
작품이기도 하다. 츠바이크는 세계
대전과 프랑스 내전이라는 광란의
시대를 공유한 몽테뉴를 통해 자신의
이야기를 한다. 자기 자신이 되고자
끝없이 물러나며 노력했던 몽테뉴.
전쟁을 피해 다른 나라로 갔지만
결국 안식을 얻지 못한 츠바이크.
두 사람의 모습에서 혼란한 시대를
살아가는 사람의 자세를 사색하게
된다.